Die Nachkriegszeit, die 68er Jahre, Mauerbau und Mauerfall – Manne Plötz lässt sein bewegtes Leben Revue passieren und erzählt als Zeitzeuge von geschichtlichen Ereignissen, lokalpolitischen Vorkommnissen und sportlichen Erfolgen in seiner Heimatstadt Berlin. Häufig war er in vorderster Reihe dabei, in Uniform (als „Bulle") oder im Trainingsanzug (als „Boss") beim BFC Preussen. Er blickt zurück auf eine Polizeiausbildung vom alten Schlag, auf verzweifelte Tage in Berlin anlässlich des Mauerbaus und überbordende Freude bei der Wiedervereinigung und auf sportliche Erfolge seines Vereins. Auch die familiären Entwicklungen finden Erwähnung und seine ausgedehnten Reisen, auf denen ihm seine Aufgeschlossenheit und sein Kommunikationstalent so manche ungewöhnliche Begegnung bescherten. In der ihm eigenen direkten Art und in ungeschminkter Sprache schildert der überzeugte Westberliner, was er sechzig Jahre lang auf der Straße und in der Handballhalle erlebt hat. Eine verrückte Zeit, in der vieles anders kam als erwartet.

Zum Autor

Manfred (Manne) Plötz, Jahrgang 1940, ist der „Bulle" und der „Boss". Vierzig Jahre lang stand er im Dienst der Berliner Polizei, noch länger bestimmte er die Geschicke der Handballabteilung des BFC Preussen. In seinem Leben ist er vor nichts zurückgeschreckt – weder vor Verantwortung noch vor Herausforderungen. Egal, ob fremde Länder lockten, Funktionärsposten besetzt werden mussten oder Fernsehregisseure riefen: Manne Plötz war bereit.

Manne Plötz

Bulle und Boss - ein Leben auf dem Prüfstand

Bibliografische Information der Deutschen Nationalbibliothek:
Die Deutsche Nationalbibliothek verzeichnet diese Publikation in der Deut-
schen Nationalbibliografie; detaillierte bibliografische Daten sind im Internet
über http://dnb.dnb.de abrufbar.

Titelbild: **Stefan Plötz**

Herstellung und Verlag: BoD – Books on Demand, Norderstedt

ISBN: 978-3-7347-5447-0

Prolog – Der Rückblick

Es ist November in Berlin. Eine riesige Dunstglocke hängt über der deutschen Hauptstadt. Leichter Nieselregen fegt an diesem frühen Abend die Straßen leer. Wir schreiben das Jahr 2000. Vor knapp elf Monaten sind wir in das 21. Jahrhundert, besser gesagt in das 2. Jahrtausend, gesegelt und - ach ja, die Deutsche Einheit, die vor genau vier Wochen ihr zehnjähriges Bestehen feierte, ist noch in der Erinnerung. Vor zehn Jahren quollen die Straßen über von lustigen und fröhlichen Menschen und der, der damals als Held der Deutschen Einheit gefeiert wurde, wird heute wie ein Aussätziger behandelt. So schnell vergeht die Zeit. Aus der Insel West-Berlin, eng umschlossen von der „SBZ", ist heute wieder eine offene Weltstadt geworden.

Draußen im Süden von Berlin, in einer kleinen Sportlerkneipe - die große Sporthalle, in der sonst das Handball-Leben tobt, liegt heute Abend im grauen nassen Dunkel - haben sie sich versammelt. Dreißig Leute, Ossis und Wessis, Männlein und Weiblein, Jung und Alt erkennt man im dem trüben Licht, dass in die Dunkelheit nach draußen dringt. Es ist ein handverlesener Kreis, den sich unser Held hierher geladen hat. Menschen, die einen Teil seines Lebens in den letzten zehn Jahren begleitet haben, nicht immer wohlgesonnen, aber immer von der Idee beseelt, den Osten wieder zum Teil eines gemeinsamen Deutschlands zu machen.

Vor ihnen auf den Tischen stehen Gläser mit Bier oder Cola oder Sekt oder Selters, um sie herum sieht man die Reste eines opulenten Mahles. Die Schaumkronen auf den Bieren sind dünn geworden und der Sekt sieht schal aus. In ihren Gesichtern aber sieht man leuchtende Augen, die teils von Erinnerung sprechen, teils von Neugierde gefüllt sind, aber auch Skepsis ausdrücken. Allen ist aber eines gleich, die Blickrichtung nach vorn zu der massigen Gestalt, die große Worte gelassen in die Runde wirft. Da steht einer, der es gewohnt ist, von einer solchen

Stelle Worte zu verkünden, Worte, die aufgenommen und verarbeitet werden, Worte, die Emotionen auslösen, eben wie Erinnerung, wie Interesse oder Skepsis.

Sogar das fleißige Treiben an der Theke ist zur Ruhe gekommen. Auch *Sandra,* sonst mit dem Füllen von Gläsern beschäftigt, lauscht interessiert oder ist sie sogar ergriffen, ergriffen von der Situation *„Damals war's"?* Längst haben die drei Skatspieler am vom Zigarettenqualm vernebelten Stammtisch das Blatt beiseitegelegt und schwelgen mit. Bei der einen oder anderen Schilderung geht ein verständnisvolles Grinsen über ihre Gesichter.

Der, der da vorne voluminös, gestenreich und launig Episoden aus dem Leben erzählt, eint sie alle irgendwie. Denn was sie verbindet, ist ihr Beruf. *„Bullen"* sind's und auch *„Bouletten",* Polente nannte man sie früher und über Polizei kam es dann zur Bullerei. Allesamt waren und sind sie ein Stück das Herz dieser Stadt, Ost oder West, wen interessiert es heute noch. Die Konturen sind im Lauf von zehn Jahren fast verschwunden. Frauen und Männer, die Tag und Nacht bereit sind und waren, für ihre Mitbürger und auch für die Gäste dieser Stadt da zu sein. 24 Stunden am Tag und in der Nacht sorgen sie für Sicherheit, spenden Trost, jagen Eierdiebe und Mörder, kloppen sich auf Demos mit rechten und linken Idioten und denen, die gar nicht wissen, warum sie demonstrieren.

Was heißt hier schon „Wir sind gegen Gewalt von rechts"? Das wäre zu einfach, denn die Gewalt kommt von allen Seiten, und nur mit frommen Sprüchen ist sie sicher nicht aufzuhalten, denn die wollen alle nur einfach Randale. So müssen unsere Freunde bei Hertha durch geknallte Fußballfans im Zaum halten, sorgen bei Staatsempfängen für Sicherheit, verfolgen Verbrecher aller Couleur, helfen der Oma wie dem Erstklässler über die Straße und regeln den Verkehr, sind Auskunftsbüro in allen Lebenslagen, sind oft Freund und Helfer zugleich.

Wenn andere schlafen, sitzen sie bei heißem Kaffee und vielen Zigaretten (meist zu vielen) oder einem sogenannten der *„Krasselt Gummistäbchen"* (die Currywurst in Berlin mit dem besten Ketchup der Stadt), in *„Bullenkutschen"* und an Schreibmaschinen, an Funkgeräten, Fernschreibern und an Computer (meist von zu Hause mitgebracht), um diese Stadt am Laufen zu halten; in ihren Köpfen geistern die Gesetzesbücher, da ein Stück Verkehrsrecht, da ein Stück Strafrecht, Gewerberecht, Jugendrecht, bürgerliches Gesetzbuch.

Sie sind Seelsorger, Staatsanwälte, Richter, Rechtsanwälte, Ärzte, Scharfschützen, Kunstschützen, Rennfahrer, eben Wyatt Earp, Michael Schumacher und John Wayne zugleich. Eigentlich Supermänner und – frauen, wie wir sie von den Mattscheiben kennen. Weit gefehlt, sie sehen aus wie Du und Ich, mal klein, mal groß, mal dick, mal dünn, mal mit Glatze oder Bart. Sie haben ihre eigenen Sorgen, werden krank und müde, sind nervös und auch oft gereizt, aber immer wieder glücklich, wenn ihnen der große Wurf gelingt. Wenn die Schicht vorbei ist und die große Stadt noch lebt, erst dann werden sie müde und streichen die Segel, und oft sehen sie in ihren Träumen noch Blaulicht und hören die Sirene.

Da sitzen sie nun schon ein paar Stunden und keiner weiß, wer ist hier Chef und wer muss gehorchen. Beileibe nicht nur Freunde, doch der Beruf hält sie zusammen. Nur die Lady, die Chefin vons Ganze, erkennt man sofort. Ist es der Blick oder die Geste, egal, auch sie hört heute nur zu. Denn vor Stunden, als er zu reden begann, der Riese da vorne, da tat er es kund: Hier bin ich heute Chef und ihr hört mir zu, denn ich will Euch erzählen, wie es einstmals begann.

Kapitel 1 – Wie alles begann

Am 1. April, im Jahre des Herrn Anno 1959, vierzehn Jahre nach Ende des Tausendjährigen Reiches, das nur zwölf Jahre währte, stehen wieder junge Menschen vor dem Kasernentor unter der großen Laterne wie einst *Lili Marleen* und wollen die Uniform anziehen. Schon einmal stand ein Preusse an dieser Stelle. Er aber eher notgedrungen und weniger „freiwillig": Alt-Preusse *Erwin Nikolai* war es, der am 15.11.1940 in das Flakjunker-Regiment der Deutschen Wehrmacht da draußen in der Lankwitzer Gallwitzallee einzog. Nun stehen dort dreißig jungen Männer vor dem Kasernentor in Lankwitz und warten mit neugierigen Gesichtern darauf, dass man sie abholt.

Was sind wohl ihre Beweggründe? Das Geld kann es nicht gewesen sein, das da gelockt haben könnte, denn im 7. Jahr der Gründung der Berliner Bereitschaftspolizei gibt es knapp 200,00 DM im Monat und Kost und Logis frei.

Trotzdem sind es sicherlich auch wirtschaftliche Gründe, denn die junge Republik fängt gerade an, sich so richtig aus den Trümmern zu erheben und da drängen viele auf den erst wachenden Arbeitsmarkt. Die Löhne sind nicht gerade das Gelbe vom Ei. 1,17 DM die Stunde bekommt der Elektriker und der Bäcker hat immerhin schon 1,37 DM.

Die Mieten sind noch erschwinglich und betragen nur ein Sechstel dessen, was wir heute bezahlen müssen. Autos sind teilweise noch ein Traum und die Straßen entsprechend ziemlich leer. Nach Lankwitz fährt eine altersschwache S-Bahn aus den 20er Jahren, die aber erst nach der Jahrtausendwende – einige Züge haben dann sechzig Jahre auf dem rostbraunen Rücken – außer Betrieb gehen und in die Museen einfahren wird. Auch die Straßenbahn 96 sieht nicht viel jünger aus, die über Lankwitz Kirche nach Lichterfelde schaukelt. Sie kommt vom Flughafen Tempelhof, dem größten Zentralflughafen der Welt, wie der Berliner gern stolz verkündet. Dass kein Mensch mehr Flughäfen in der

Stadt baut, vergisst man stillschweigend. Auf dem Platz vor dem Flughafen steht ein bedeutendes Denkmal, das an die Zeit der Blockade Berlins vom 24. Juni 1948 bis zum 12. Mai 1949 durch die Russen erinnert, als Berlin von der Außenwelt abgeschnitten wurde und die Alliierten Berlin mit allen Gebrauchsgütern, vom Toilettenpapier bis zum Schokoriegel, aus der Luft versorgten. Dieses Denkmal symbolisiert mit seinen drei Betonkrallen die Luftkorridore Hamburg, Hannover und Frankfurt. Es wird von den Berlinern liebevoll „unsere *Hungerkralle"* genannt und dient dem Gedenken der verunglückten Piloten.

Ja, und das letzte Stück zur Kaserne fährt man dann mit dem O-Bus, eine Berliner Rarität, die aber bald aus dem Stadtbild verschwinden sollte, da der Schaffner oft mehr mit der Wiedereinsetzung der herausgesprungenen Stromstange denn mit dem Kassieren von Fahrgeldern beschäftigt war.

Nur unser Held hatte mit all dem nichts zu tun, er hatte schon von seinem Vater eine geile Mopedfeile, eine Viktoria, mit der sagenhaften Endgeschwindigkeit von 40 Stundenkilometern geschenkt bekommen. Sein erstes Kraftfahrzeug in der großen Reihe eines edlen Fuhrparks, der im Laufe der Jahrzehnte zusammenkommt.

Aber heute war er zu Fuß zur Kaserne gekommen, denn bisher wohnte er bei Muttern, nur ein paar Meter vor der Kaserne. Erst 1954 war unser Held mit Muttern von seinem geliebten Wedding ins vornehme Lankwitz gezogen und fand mit ihr in der ersten Hochhaussiedlung der DeGeWo im Thaliaweg 13 ein neues Zuhause. Zum ersten Mal zogen Innovationen wie Telefon und Fernsehen in den Haushalt der Familie Plötz ein.

Ja, was hätte es also noch für Gründe geben können, die Polizeiuniform anzuziehen? Sicher war auch ein wenig Abenteuerlust dabei, denn mit der braunen *Nazisoße* und dem *„edlen Heldentum auf deutschen*

Schlachtfeldern" waren unsere jungen Wilden nur wenig oder gar nicht beleckt. Für die Baujahre 1939/1940, die das Kriegsende meist noch vor ihrer Schulzeit erlebt hatten, konnte es nur aufwärts gehen nach diesen schlimmen Jahren in Deutschland.

Das einzige, was noch an die erste Zeit nach dem Krieg erinnerte, waren vielleicht die altersschwachen Koffer und die Persil-Kartons, ohne die kaum ein richtiger Deutscher eingezogen wurde. Da standen sie nun, die dreißig und einige fühlten sich noch oder schon recht erwachsen, hatten sie doch schon mal so richtig ins Berufsleben reingerochen. Unser Held hatte eine ganze Palette von Berufen kennengelernt mit seinen 18 Jahren.

Kapitel 2 – Beim Urknall fing alles an

Rennmonteur bei Mercedes, davon hatte er lange geträumt und war Mitte der 50er Jahre Stammgast auf der Avus, wenn *Alfred Neubauer* seine Silberpfeile mit *Juan Manuel Fangio, Herrmann* und *Lang* - das waren die *Schumacher* und *Vettel* der goldenen 50er - über die Piste rasen ließ. Aber leider wurde daraus nichts, denn die Einstellungsprüfung war mit Note 2 nur ein Desaster. Die Bosse hatten damals wie heute die große Auswahl. Man musste mit 18 schon Ingenieur sein oder zumindest so aussehen, als könnte man einer werden.

Unser Freund durchlief das ganze Programm. Zunächst Jugendnoteinsatz, da machte man ihn in Kurzlehrgängen zum Tischler und Schlosser. Dann winkte der Bergbau, mit Kohle in schwarz in tiefer Erde und mit knisternden Scheinen im Geldbeutel, und das zog. Aber das war ja so richtig Maloche, und das war nichts für unseren Helden. Er wollte führen, lenken und denken.

Also wieder zurück vom Pütt an die Spree. Nun wurde aus unserem schwarzen Freund ein weißer. *Bäcker wirst Du, wie ich, mein Sohn!* verkündete streng der Herr Papa und der Sohn tat wie ihm geheißen. Das hat er dann gemacht und wurde gleich bester Lehrling in Berlin. Aber warum er nun doch hier vor dem Kasernentor stand, ist ihm bis heute ein Geheimnis geblieben.

Nehmen wir an, es war die Werbung, die einen vielseitigen interessanten Beruf mit den tollsten Erfolgschancen in allen Ausbildungsbereichen versprach, denn das kann er heute nach über 43 Jahren bei der *Plempe* bestätigen. Eintönig war es selten, interessant sehr oft und vielseitig - keine Frage. Oder gab es da noch tiefer liegende Schlüsselerlebnisse, hatte er schon früher einmal Kontakt der besonderen Art zur Polizei gehabt? Er dachte zurück.

Zurück an einen herrlichen Sommertag, ein Mittwoch war's, im goldenen Oktober anno 1940. Auf den Schlachtfeldern Europas waren die deutschen Soldaten noch auf dem Vormarsch und Deutschland wurde täglich größer. Weltweit wurde über den Zeitpunkt des „Urknalls" in unserem Universum diskutiert, und es gab die abenteuerlichsten Lösungsvorschläge. Bei den Recherchen zu diesem Buch bin ich der Lösung sicher erheblich nahe gekommen.

An dem genannten Tage gab es im Paul-Gerhardt-Stift im Wedding, der Baby-Wiege der Berliner, lautes Geschrei und Gestöhne. Man schrieb den 16. Oktober. Ein ganzes Team stand um eine schreiende werdende Mutter. Sie tat, als müsste sie ein Kalb gebären. Dem Ärzteteam stand der Schweiß im Gesicht. Dann gab es einen Urknall und ein Siegesgeheul, untermalt mit einem wütenden Geschrei.

Unser Held war geboren, wow, tatsächlich fast eine Kälbergeburt: 62 cm lang und neuneinhalb Pfund schwer. War das eine Geburt, war das ein Brocken! Die anwesenden Ärzte glaubten allen Ernstes, er würde gleich vom Geburtstisch springen und wütend den Kreißsaal zu Fuß verlassen und würde stolz sein, ein erstes Lebenstor durchschritten zu haben – groß, blond und blauäugig. Der *„tausendjährige Führer"* wäre stolz gewesen.

Über mangelnde Ernährung brauchte er sich künftig nicht zu beklagen, war doch der Vater im Institut für Ernährungswissenschaften in der See-straße der 2. Chef. Der ließ seinen Sohn nicht Hunger leiden. (Zustim-mendes Raunen ging 60 Jahre später durch die kleine Sportlerkneipe und ein breites Grinsen lag auf den meisten Gesichtern.)

Nun war es auch nicht mehr weit, bis er auszog, die Welt kennen zu ler-nen. Die erste Reise ging 1942 an die Ostsee. Hier wurde eine innige Liebe geboren, die Jahrzehnte anhalten sollte. Ob Nord- oder Ostsee, es zog ihn in all den Jahren immer wieder an die See. Eine Liebe, die er Jahrzehnte später auch mit seinen Söhnen *Stefan* und *Sven* teilen würde.

Nun war es auch nicht mehr weit bis zu dem Zeitpunkt, als unser Held seinen ersten Kontakt *„der besonderen Art"* mit der Polizei hatte. Strahlende Sonne lag über der Müllerstraße, schon damals die Ein-kaufsmeile der Weddinger, als er an der Hand seiner Mutter an diesem herrlichen Sommertag im Jahre 1943 über den Weddinger Boulevard bummelte. Plötzlich sah die junge Mutter in einem kleinen Laden eine alte Freundin. Schnell hinein und den Sohn mit erhobenem Finger er-mahnt, ja schön brav vor der Tür zu warten.

Aber wie es so ist, wenn sich zwei Frauen treffen: bla bla bla, das haben sie alle im Blut, heute wie damals, nur die Themen ändern sich mit dem Alter und der Zeit. Als die junge Mutter nach wenigen Augenblicken (wie sie meinte) wieder vor die Tür trat, waren da zwar viele Menschen, aber nicht mehr der stramme Sohn.

Der hatte inzwischen gelangweilt gewartet, dann einen interessanten Schaufensterbummel durchgeführt und dabei seine Mutter völlig ver-gessen. Die rannte unterdessen aufgelöst durch die Menschenmenge und danach zur nächsten Polizeistation. Dort stand hinter dem Tresen eine Urgestalt von einem Polizisten. Ein Riesenschnauzer verdeckte ein gemütliches Gesicht und er schaute die aufgeregte Mutter grinsend an.

Die ärgerte sich darüber mächtig, bis der Wachtmeister genüsslich sagte: *„Meine liebe Dame, wenn Ihre Beschreibung richtig ist, dann gehen Sie mal ins Nebenzimmer zu Wachmeister Lehmann."* Flugs tat sie es und wäre beinahe in Ohnmacht gefallen. Ihr Sprössling saß bei Wachmeister Lehmann auf dem Schoß und spielte Strafzettel verteilen. Wachmeister Lehmann hatte ihn in unmittelbarer Nähe des Reviers getroffen. Als er auf die Frage nach Vater oder Mutter nur ein Achselzucken des Kleinen erntete, hatte er ihn mit aus Revier genommen und die beiden waren inzwischen dicke Freunde. Das war sie nun, die Begegnung *„der ersten Art"*.

Der kleine Manfred, 1944 (Foto: privat)

Schmunzelnd öffnet unser Freund fast siebzehn Jahre später wieder die Augen und holt sich in die Realität zurück. Er stand nun vor seinem vierten großen Lebens-Tor. Noch immer steht der Haufen erwartungsvoll vor dem Kasernentor. 2,05 Meter der größte, 1,64 Meter der Kleinste - man hatte ihn gemeinsam gestreckt, damit er dabei sein konnte. Unser Held mit 1,90 Meter und fast einhundert Kilo, immer noch groß, blond und blauäugig, schwamm da kräftig im vorderen Drittel mit, wobei schwimmen das falsche Wort war, denn das konnte er gar nicht, das wollte er erst noch lernen. Wenn es am Wochenende zum Bade an den Wannsee ging und seine Freunde ins Wasser sprangen, um zu dem draußen vor Anker liegenden Floß zu schwimmen, störte ihn das wenig. Mit seinen 1,90 m schaffte er den Weg fast zu Fuß und bei den letzten 15 Metern holte er tief Luft und tauchte dorthin, denn das konnte er.

Bisher bestand sein Sport aus Radrennen im damaligen BRC Endspurt mit einem der besten deutschen Amateurfahrer – *Itze Irrgang*. Dorthin hatte ihn Nachbars Sohn Heinz mitgenommen. Der war vier Jahre älter und schon ein guter Radrennfahrer. Handball – eine Sportart, die ihn länger begleiten sollte als sein Berufsleben und wo er ungleich erfolgreicher sein würde, stand damals noch außen vor. Ein wenig die Leichtathletik, wo man mit Kraft Erfolg haben konnte, denn die Eleganz lag ihm nicht so, und dies auf allen Ebenen. So wuchtete er seine gut 100 Kilo in 11,8 Sekunden über die 100 Meter, stieß die Kugel auf 12,70 Meter und schwang sich im Weitsprung immerhin auf 5,90 Meter. Aber beim Radrennen wurde er auch nicht so richtig warm, denn das war ja eine richtige Schinderei. So wurde er schnell als der *„Lutscher"* bekannt. Immer schön im Windschatten der anderen und erst wenn der *„Lappen"* in Sicht war, hinten raus und mit aller Kraft an allen vorbei, bis sich die Pedalen bogen, und als Erster über die Ziellinie.

Plötzlich rucken alle Blicke nach links, da kommt einer. Sieht stramm aus, aber auch ein wenig doof. Ob das wohl einer von der Armee der letzten Tage des heiligen Adolfs ist? Als er den Mund oder sollte man lieber sagen den Lautsprecher aufmacht, kann man es fast glauben. Es fehlt nur noch der Heiligenschein zu einer Lichtgestalt, denn in der

Korona der blendenden Sonne hinter dem Turm der Kaserne strahlt an diesem Mann alles, was strahlen kann und er genießt seinen Auftritt.

Das Koppel und die Stiefel sind so blank, dass sich die Sonnenstrahlen wie Kristalle auf dem gleißenden Leder widerspiegeln. Selbst die Knöpfe der Uniform sind nicht einfach nur silbern, man glaubt, sie sind verchromt und die drei Balken auf jeder seiner Schultern sind nicht nur die Streifen eines Hauptwachtmeisters, sie sind so etwas von ausgerichtet, als wären sie sich der Weihe dieses Augenblicks bewusst. Man könnte glauben, der Wind singt leise wie einst Marlene Dietrich von Lili Marlen und von der Laterne vor dem großen Tor. Die Jungs rücken etwas enger zusammen und blicken ein wenig ehrfurchtsvoll zu diesem Mannsbild. Als die Sonne hinter dem Turm verschwindet, rückt auch diese Lichtgestalt wieder in die Realität und plötzlich ist da nur ein Uniformierter. Ein Seufzer der Erleichterung geht durch die Gruppe und die Blicke werden wieder neugierig.

Unser Hauptwachtmeister bemerkt den Wandel und zieht die Stimmung wieder an, indem er mit markiger Stimme ein *„Morjen Leute"* unter das Volk wirft. Sein Blick geht nun abschätzend über die Gruppe und man sieht ihm die Gedanken förmlich aus seinem Schädel laufen *„Oh Gott, lauter Halbmenschen, aber denen werden wir schon kräftig den Arsch hochbinden"*. Unser Held erkennt anscheinend diese Gedanken und sein Blick wird abweisend. Auch das bemerkt unser Führer blitzschnell und er denkt messerscharf: *„Aha, ein Widerständler ist auch dabei, aber auch den werden wir stutzen"*. Damit war die „innige Freundschaft" dieser beiden so wesensfremden Menschen geboren.

„Sachen aufnehmen und in Dreierreihe antreten und Marsch in Richtung 2. Bereitschaft". Das waren die ersten Kommandos, die man nun gelernt hatte und etwas betreten ging es zu dem grauen, da die Sonne sich verschämt hinter einigen Wolken versteckt hatte, trostlos wirken-

den Kasernengebäude der 2. Bereitschaft, die für die nächsten Jahre eine zweite Heimat für unseren Helden sein sollte.

Als die Blicke der Neuen so über das Kasernengelände schweiften, dachten sicher viele: Also so sah das hier bestimmt schon im 1. Weltkrieg aus. Neues, innovatives, wie man sich im Jahre 2000 ausdrücken würde, war beim besten Willen nicht zu erkennen; im Gegenteil: An den Wänden der Garagen waren noch Pferdehalter von vor zwanzig Jahren erkennbar. Alles grau in grau, nicht ein Farbklecks war zu entdecken. Die alte graue Farbe blätterte vor sich hin und fiel wie Herbstlaub bei leisem Wind von Tor und Tür. Aber unser Held war sich sicher, dass sie irgendwann hier schon Farbe reinbringen würden, egal wie.

Ja, und dann wurde es plötzlich lustig - oder sah das nur so aus? Vor der Bereitschaft angetreten, kam es plötzlich aus der Tür: ein kleines runzliges Männlein mit geputzter Uniform, aber bei weitem nicht so blank wie beim Empfangschef. Und mitten aus der Brust quoll ein riesengroßes Notizbuch, es nahm fast die ganze Brust ein.

Das konnte nur der *Spieß* sein, so hatte man ihn sich vorgestellt nach vielen Soldatenfilmen, etwas größer und kräftiger allerdings schon wenn man an den Hauptwachmeister Schulz aus der 08/15 Trilogie von *Hans-Helmut Kirst* dachte, aber eben mit diesem Notizbuch. Er brüllte mit sich überschlagender Stimme dreimal „*Ruhe*", obwohl kein Mensch etwas sagte. Damit war wohl seine Energie verbraucht denn nun erklärte er einfach den technischen Ablauf des ersten Tages bla, bla, bla.

Das war also die „*Mutter der Kompanie*", wie es im Film immer so schön hieß. Wenn das hier nun die hübscheste Mutter war, na dann Prost Mahlzeit. Dann muss man wohl weit reisen. Da wussten die Neuen noch nicht, dass Spieße auch Töchter haben. In den Fenstern der 1. Etage hingen die „*alten Hasen*" und amüsierten sich über das neue „*junge Gemüse*". Endlich wieder „*Füchse*" zum Bier holen, hörte man sie raunen und der Auftritt ihres Spießes zauberte ein breites Grinsen in ihre Gesichter.

Die Truppe wurde nun in drei Gruppen eingeteilt, streng nach Größe und nicht nach Belieben, und auf entsprechende Stuben verteilt. Oh Gott, waren das Stuben! Die Betten und Schränke sicher so alt wie die Kaserne und vom Zahn der Zeit so richtig angenagt. Bevor man nun in die Zimmer verteilt wurde und sich organisiert hatte, kamen schon die Herren Gruppenführer, Herren über unsere Schutzpolizisten in spe.

Der erste Tag war noch harmlos, trotzdem fiel man am Abend bleischwer in die Betten. Bei unserem Helden bog sich alles bedenklich nach unten und dieser Bogen in Bett und Matratze sollte ein Markenzeichen für Sinn und Unsinn, für Befehl und Widerstand werden, aber noch wusste ja zu diesem Zeitpunkt keiner, welche grandiose Bedeutung die Karos der Bettbezüge für die Zukunft noch haben sollten. In den Gesichtern der 1. Gruppe auf Stube 1 las man Skepsis, aber auch Erwartung auf das Kommende, auch Müdigkeit war zu sehen.

Jeder war noch zu sehr mit sich selbst beschäftigt, als dass er sich Gedanken über die Anderen gemacht hätte. Immerhin man war ja angewiesen aufeinander, zumindest für die nächste Zeit. Jetzt aber war man erst einmal müde und der erste Stubendurchgang durch Gruppenführer *Pissbacke* – so würde man ihn aber erst später nennen, wenn man ihn und seine Stubendurchgänge genossen haben würde – war ausgesprochen jovial.

Auch unser Held wurde müde und legte sich mit skeptischem Blick auf das ihm zugewiesene Bett, nicht wissend, auf welch abenteuerlichen Plätzen er in den nächsten zweiundvierzig Jahren noch schlafen würde. Die Kaserne kam zur Ruhe und durch die Fenster drang Männerschnarchen nach drinnen und draußen, wie das Grollen der Unterwelt und unser Freund dachte: **Oh Gott, wenn ich das meinen Preussen erzähle.**

Kapitel 3 – „*Auferstanden aus Ruinen*"

Als unser Freund so in den Schlaf hinüber dämmerte, gingen seine Gedanken noch einmal zurück in die Vergangenheit und er fragte sich, ob er eigentlich auch schon militärische Erfahrungen oder so etwas Ähnliches gesammelt hatte. Wieder trugen ihn die Dämmerträume zurück in die Vergangenheit.

Ja, wie war das damals, 1945 in Berlin, in einer Stadt, die nur noch aus Trümmern bestand? Eine Ära ging zu Ende und eine andere fing an. Führer und Vaterland waren im Arsch und unser Held kam in die Schule. So schickte er sich an, sein 2. Lebens-Tor zu durchschreiten. Neue Männer brauchte das Land. Das war der Slogan der Zeit. Was hatte er eigentlich von diesem unseligen Krieg in der Erinnerung behalten? Gott sei Dank nicht viel. Vergessen würde er wohl nie seine erste Verschickung aufs Land nach Salzgitter. Er soll Rotz und Blasen geheult haben, als seine Mutter am Bahnsteig zurückblieb. Erinnern konnte er sich allerdings nur, dass der Tender der Lok, anders als bei seiner Spielzeuglokomotive, keine Kohlen hatte, zumindest sah er keine, dafür aber eine Riesenkanone. Das war aber auch alles, was ihn an seine erste Reise erinnerte. Es war wie der letzte Einsatz – *Babys an die Front*.

Der Rest spielte sich in den letzten Kriegstagen ab. Erst das Negative. Wasser war in den Wohnhäusern rar, alle Leitungen waren kaputt, aber es gab ja die berühmten Berliner Pumpen, viel schöner als die Spargelstangen, die man heute noch ab und zu sieht. So mussten die Leute auch immer zur Pumpe bei Osram und er ging immer mit. Eines Tages, als er mit der Großen vom Blumenhändler Bansemann unterwegs war, gab es plötzlich einen Knall - und Bansemanns Große lag flach, getroffen von einer letzten Kriegerkugel. Er war Gott sei Dank einen halben Meter kleiner, sonst hätte es wohl ihn erwischt. Wer weiß, was der Welt alles verloren gegangen wäre. Ja, und dann hatte er noch etwas Gutes zu berichten, zumindest sein Kinderherz hat es erfreut.

„*An der Ecke stehen Russen*", hieß es im Keller und neugierig wie er war, entschied er, die musste er sehen. Die waren für die Jungs wie Außerirdische, nur wusste keiner, waren die nun böse oder gut. Eine ähnliche Frage, die man sich heute stellt wenn über richtige „*Außerirdische*" diskutiert wird. Er flitzte also hin zur Ecke und da standen sie, das heißt, sie saßen auf einem LKW. Heute würde man sein Erstaunen darüber zum Ausdruck bringen, dass die damit die Strecke von Moskau bis Berlin überhaupt geschafft hatten. Zwei Sprachbrocken hatte er im Keller aufgeschnappt – Maslo und Chleb (Butter und Brot) – wer lacht da? So rannte er dann auf die Russen zu und rief recht selbstbewusst diese Worte zum LKW hinauf. Erst gab es erstaunte Gesichter, dann reichte ihm ein Soldat lachend eine dicke Kommissbrotstulle runter und drauf war ein Klumpen Butter. Stolz rannte er mit seiner Kriegsbeute nach Hause.

Das war sicher ein erster Lernprozess für seine spätere Begeisterung für Englisch, denn merke: Mit Sprachkenntnissen kommst du weiter. Und er hatte in der Schule später mit Vater Drelse einen guten Mentor und durfte 1953 mit einem Lehrerkollegium seine erste Auslandsreise nach London antreten.

Die beiden besten Englischschüler durften mit den Lehrern diese Fahrt über den Ärmelkanal mitmachen. Vater Drelse war sehr streng. Während der ganzen Reise war Deutsch verboten, es durften nur englische Zeitungen gelesen werden und abends wurde dann darüber diskutiert. Selbstverständlich nur in Englisch, versteht sich. Das hat allen viel geholfen. Das war am Ende kein *Peter Pim and Billy Ball* (so hieß das Englischbuch, das damals im Unterricht verwendet wurde), sondern hat den Jungs viel Selbstbewusstsein mit einer fremden Sprache mit auf den Weg gegeben und hat unserem Helden auf seinen vielen späteren Europareisen gut geholfen.

So gestärkt konnte er sich nun dem Motto – Neue Männer braucht das Land - vollmundig widmen. Es musste aufgeräumt und aufgebaut werden. Ein neues Deutschland wurde gebraucht und er war dabei, als die Trümmer wackelten und zunächst die deutschen Frauen (seine Mutter war emsig mit dabei) als die legendären „Trümmerfrauen" das Vaterland an der Wurzel packten und ein Ruck durch die Nation ging.

Für ihn hatte dies zunächst nur die fatale Folge, sich jeden Morgen um sieben Uhr alleine aus dem Bett zu quälen und ab in die Schule. Die war zwar nur zweihundert Meter von zu Hause weg, aber er war immer der Letzte. Trotzdem hat ihn das Leben dafür nicht allzu sehr bestraft. Damals hat er sich ein erstes Lebensmotto gegeben – *Mit einem Minimum an Kraftaufwand ein Maximum an Möglichem erreichen* - sonst hätte der Schulstress ihn schon damals übermannt. Er lernte darüber hinaus schnell, dass man breite Schultern auch gebrauchen musste, um seinen Vorstellungen Nachdruck zu verleihen.

Einschulung 1946 (Foto: privat)

So näherte er sich seinem 2. großen Lebenstor, das er durchschreiten wollte und musste. Zwar noch ächzend an Mutterns schützender Hand ging es durch das große graue Tor in der Weddinger Utrechter Straße. Die *Roefken*, das war seine Klassenlehrerin damals in der Grundschule, hatte auch eine sehr angenehme Seite. Die hieß Marlies und war ihre schöne Tochter. Wer schreit da frühreif, heute hat ein Zehnjähriger schon fast seine erste Scheidung hinter sich. Ja, und in diese Tochter waren alle vernarrt.

Er hatte der Liebe wegen sogar seine erste Straftat begangen, nein, nicht Verführung unter Minderjährigen, sondern er hatte im Schillerpark Flieder abgebrochen und geklaut, ihn ihr dann heimlich vor die Haustür gelegt und das Tolle, sie hat's gemerkt, wer ihr die Blumen hingelegt hatte. Ja, war schon ne flotte Puppe, die Marlies, damals 1949, kurz bevor dann die Rosinenbomber unsere ganze Aufmerksamkeit in Anspruch nahmen. Es war aber nicht seine erste große Liebe. Schon im Oktober 1949 bei einer Kinderlandverschickung nach St. Peter an die Nordsee, hatte es das erste Mal gefunkt. *Silvia* hieß die Angebetete, mit der er viele Tage händchenhaltend in den Nordseedünen verbrachte und in die er unsterblich verliebt war. Aber leider haben sie sich später in Berlin nie wieder gesehen. Dafür ließ die Nordsee ihn ein Leben lang nicht los.

1954. Deutschlands Fußballer waren ausgezogen in die Schweiz, um Weltmeister zu werden. Unser Held war wieder auf einer Kinderverschickung, diesmal in Wyk auf der schönen Insel Föhr. Alle Jungs wollten Fußball sehen und unser Held organisierte dafür ein Fernsehgerät. Das war 1954 noch nicht so einfach. Er aber war der Boss der Jungs und schaffte das und so saßen die Jungs immer gebannt vor der Glotze und schauten Fußball.

Immer mehr Schwestern und Pfleger gesellten sich zu den Jungs in deren Schlafsaal. Das ging dann bis zum Endspiel, das die Mannen um *Boss Rahn* und *Fritz Walter* und Torwart *Toni Turek* am Ende gegen

Ungarn mit 3:2 gewannen, unter dem Jubel aller Kinder und der Schwestern im Haus Schöneberg in Wyk a./Föhr. Bier gab's natürlich noch nicht, dafür roten Traubensaft, der sah dann aus wie Rotwein.

Da riss ein grelles Trillern unseren jungen Helden aus allen Träumen. Verwirrt schaute er zum Fenster, durch das erste zaghafte Sonnenstrahlen hereinschauten. Schon war Schluss mit der Romantik, er lag in demselben verbogenen alten Eisenbett von gestern Abend, um ihn herum uralte Holzschränke. Und dann wurde es ihm bewusst: 1. Gruppe - Stube 1! Er war in der Realität angekommen – Berlin – Bereitschaftspolizei - sein zweiter Tag und draußen röhrte eine defekte Stimme *Raus aus den Betten!*

So sinnierte unser Held fast 43 Jahre später in der kleinen Sportlerkneipe, die nur zehn Minuten Fußweg von der Kaserne entfernt lag, allerdings stand die Kneipe damals noch nicht an dieser Stelle. Erst in den Anfängen der Neunziger Jahre, zum Ende des letzten Jahrhunderts, wurde die Sporthalle Kiriat Bialik (und mit ihr die Sport-Oase) zur Freude aller, die sie heute mit Begeisterung nutzen, erbaut und trug bald den stolzen Beinamen „*Adlerhorst*", benannt nach dem Wappentier des Vereins, dem Adler.

Vor der sich um ihn scharenden Gemeinde fährt unser Held mit tiefer starker Stimme fort „*So war das damals wie heute, am Anfang stand das Wort*". Und zur ergriffen lauschenden *Sandra* hinter der Theke gewandt: *Du warst damals noch lange nicht geboren und auch Deine Mutter spielte bestimmt noch im Sandkasten mit den Jungs.* Erschrocken zuckte *Sandra* zusammen und ging schnell zum Bierhahn, um den durstigen Zuhörern etwas für ihre trockenen Kehlen zu servieren und auch unser Held musste einen kräftigen „*Plötz*" runterspülen. (Sollten Sie, liebe Leser, nicht wissen, was ein „*Plötz*" ist, dann gehen Sie doch mal in die kleine Sportlerkneipe dort in der Lankwitzer Wedellstraße und gönnen Sie sich das Vergnügen.) Nachdem ein kräftiges Prost in dem kleinen Saal erklungen war und sich alle den Schaum mit einer kräftigen Handbewegung vom Mund abgewischt hatten, lehnte sich wieder alles zurück, *Sandra* stützte sich mit den Ellenbogen auf dem Tresen ab und alle schauten erwartungsvoll zu unserem Helden. Der hob seine Stimme, ging leise in sich und fuhr dann fort.

Am nächsten Tag lernten sie nicht nur ihren A-Zugführer kennen, Herrn Polizeikommissar *Radau*, der im Gegensatz zu seinem Namen ein ruhiger sachlicher Erzähler war. Allerdings auch ein ermüdender, wie sie in den nächsten Monaten feststellen würden. Nein, auch ihre ersten „*Bullen*" lernten sie kennen. Lange bevor irgendwelche autonomen Idioten diesen Ausdruck für die Polizisten prägten, gab es diesen Begriff schon bei der deutschen Wehrmacht. Wobei damals dieser Ausdruck mit viel Freundlichkeit und auch Wärme und Respekt, manchmal sogar ein wenig neidvoll, verwendet wurde. Da gab es nämlich den *Küchen-Bullen,* den *Kammer-Bullen,* den *Verpflegungs-Bullen* und den *Waffen-Bullen.* Menschen, die sich hinter diesem Begriff verbargen, haben bei unserem Helden in den letzten 43 Jahren immer Sympathie hinterlassen und sind ihm positiv in Erinnerung geblieben.

Zunächst lernte er den *Küchen-Bullen* kennen. Mann, das war wirklich ein Bulle, an die 120 Kilo Lebendgewicht und jedes Autoritätsgehabe wurde stets mit einem Augenzwinkern begleitet. Unser Held dachte sich, in diesem Kasernenleben muss man Prioritäten setzen, und hat sich die Kameradschaft dieses Mannes beizeiten gesichert - und er lag richtig mit dieser Entscheidung. Wie man heute unschwer erkennen kann, ist er nicht nur gut über den Winter gekommen, sondern auch über die Jahre.

Beifälliges Gemurmel und grinsende Gesichter im Saal. Kein Wunder, so wie unser Held da stand, 125 Kilo schwer und 190 cm hoch, das ist schon ein stattliches Stück Bulle, das da vor der Gemeinde predigte, und diese Figur ist ihm im Laufe seiner Polizeijahre oft genug zustatten gekommen.

Ja, diese beiden Männer waren sich von Beginn an sympathisch. Ein paar schnelle helfende Handgriffe nach dem Mittagessen, während die anderen in die Kantine stürmten, brachten unserem Helden so manche Extraportion vom Küchen-Bullen ein. Außerdem waren da noch ein paar hübsche Küchenweiber, die nicht zu verachten waren. So hatte unser Held schnell einen Ort entdeckt, an dem man Kraft für Leib und Seele schöpfen konnte.

Dann lernte er gleich um die Ecke im 1. Stock den nächsten Bullen kennen – den *Kammer-Bullen.* Ein blasser, hagerer Typ, so wie man sich einen Schneider vorstellte. Aber hinter dieser Fassade lag eine Seele von Mensch. *„Helm auf, passt"*, war nicht, er gab sich wirklich Mühe, für jeden etwas Passendes zu finden und das war bei dem damaligen Materialangebot sicher nicht leicht. Unterwäsche - Freunde ich sage Euch, der reinste Wahnsinn. Frauen sollen bei Besichtigung dieser Wäsche aus den Betten gesprungen sein. Aber ohne Flachs, die, die unser Held fast 42 Jahre später wieder bei der Kammer abgegeben hat, unbenutzt und wohlverpackt, war nicht einen Deut erotischer als die vom Anfang allen Seins. Hemden mit aufgeknöpftem Kragen, die Zierde jeden Mannes und Turnschuhe, nagelneu, die waren so hart wie das Pflaster um das Bereitschaftsgebäude. Dort erfolgte jeden Morgen der Frühsport unter dem Motto „Der deutsche Mann ist gesund und treibt Sport" - auch wenn die Bänder quietschen. Wir sahen aus wie übriggeblieben aus dem tausendjährigem Reich. Das hörte aber bei der Bekleidung nicht auf.

Auch die Ausrüstungsgegenstände stammten allesamt aus den Restbeständen der deutschen Wehrmacht, vom Kochgeschirr bis zum Essbesteckpatent. Als man vollbeladen mit den Ausrüstungsgegenständen wieder auf den Stuben ankam, sollte man staunen, was man mit dieser Reizunterwäsche tatsächlich alles anfangen konnte. Unterführer *Pissbacke* erläuterte langatmig, wie man diese tolle Wäsche im Schrank verstaute. Hemd auf Hemd, zwanzig Zentimeter breit gefaltet und die

Vorderkante rechteckig ein Zentimeter hoch. Er verriet auch, wie man das machte, ein zugeschnittener starker Pappstreifen vollbrachte das Wunder. Auf den Einwand ob man das dann jeden Tag machen müsste, kam die unwillige Antwort: *Wenn ihr den Scheiß anziehen wollt, dann ja.*

Und noch etwas lernten sie an diesem zweiten Tag. Man hatte sich schon gewundert, warum die Bettwäsche so schön blau und weiß kariert war. Genau 58 Karo in der Breite, tönte *Pissbacke* grinsend über die erstaunten Gesichter, muss die Bettdecke messen, keines mehr und keines weniger. Und die Kante am Kopfkissen muss ein rechter Winkel sein, an dem man sich verletzen kann, kam es weiter aus dem Mund des Vorzeigepolizisten.

So hatten sie schon am ersten Tag einige wichtige Dinge gelernt. Aber je länger sie darüber nachdachten, desto mehr fragten sie sich, wozu ein Polizist Hemden und Bettdecken im rechten Winkel bauen können musste. Vielleicht, weil sich Verbrecher darüber kaputtlachen könnten? Unser Held dachte nur: **Oh Gott - wenn ich das bei meinen Preussen erzähle.**

Am nächsten Morgen stand er dann da, stramm, oder was man so stramm nannte, der A-Zug 1959 der 2. Bereitschaft der 1. Abteilung der Berliner Bereitschaftspolizei. Nun lernten sie den Rest der Intelligenz kennen. Zunächst kam der Bereitschaftsführer „*Conny*" und sagte ein paar sehr intelligente Sätze; vor allem war seine Ansprache kurz und knapp. Der Mann verstand sein Handwerk, der wusste zu befehlen, zu delegieren und zu organisieren. Der Mann war gefährlich, da durfte man keine Fehler machen. Vor dem hatten die *Pissbackes* alle einen gehörigen Respekt. Der Rest der Führung war eher Kulisse, kaum gefährlich, man musste sie nur in Ruhe lassen.

Zum Schluss erschien der Abteilungsleiter, ein Riese von einem Mann. Als er die ersten Worte sprach, ging ein Donnergrollen über den Parkplatz und eine feine Staubwolke entfernte sich vom Antreteplatz und ließ die Blicke ein wenig verklären. Aber irgendwie strahlte dieses Ungetüm viel Vertrauen aus, dachten die Neulinge und sie sollten Recht behalten. Das würden sie aber erst in einem Jahr so richtig genießen können.

Den Rest des Tages erfuhren sie, wo sie ihre tägliche Verpflegung herbekamen. So lernten sie Kai, die „*Kellerassel*" kennen, praktisch der dritte Bulle in ihrem jungen Polizistenleben. Auch ihn sollten sie später in guter Erinnerung behalten. Er saß im tiefen Keller der Bereitschaft wegen der Verpflegung, die ja kühl lagern musste, denn Kühlschränke waren damals noch Riesenmonster und die reinsten Luxusgüter. Wir wollen nicht vergessen, Deutschlands Blüte stand erst am Anfang und bei der Polizei war davon noch gar nichts angekommen. Der einzige Luxus war Sonderdienst bei Kai im Keller. Da hat sich keiner kaputtgeschuftet und da er auch für den Tausch der Wäsche zuständig war, fand man immer ein ruhiges Plätzchen auf einem der Wäschestapel in seinen Kammern. Ja, der Dienst bei Kai war immer eine ruhige Kugel, denn von den strammen Jungs aus der „*Pissbacke-Gilde*" verirrte sich kaum einer in den Keller.

Nicht einmal für Sonderverpflegung und das hatte seinen guten Grund. Denn was man uns als Kost servierte, erinnerte schon schwer an Überlebenstraining. Nicht wegen zu geringer Mengen, aber die Qualität ließ sogar den Hund vom Spieß den Keller meiden. So wanderte dann auch die meiste Verpflegung auf dem Weg vom Keller in die Stuben im Müll, sehr zur Freude vom Kantinenboss *Bolle*.

Er war der erste Kredithai, den unser Held kennen und meiden lernte. Er nutzte die Gelegenheit weidlich, denn hungrige Polizisten sind schlechte Polizisten und so gab es in der Kantine reichliche und gute Verpflegung. Wer nach dem 15. des Monats keine müde Mark mehr in der Tasche hatte, dem gewährte der Kantinenboss Kredit - aber nicht in bar, sondern in Form von „*Kantinen-Dollars*". Die waren natürlich nur in der Kantine absetzbar gegen Speis und Trank; viele machten davon reichlich Gebrauch.

An jedem Monatsersten brachte sich Kantinenboss Bolle dann bei der Gehaltsauszahlung, die damals noch bar unter Aufsicht des Spießes durchgeführt wurde, bemerkbar und thronte, neben vielen anderen Geldeintreibern an einem Tisch der Auszahlungshalle. Über dieses interessante Prozedere wollen wir aber später berichten, denn noch gab es ja keine Penunze und der nächste Erste war noch weit.

Bevor es nun an das Eingemachte ging und die jungen „Bullen" lernen sollten, Polizist zu sein, gab es aber schon am zweiten Tag das erste „AHA-Erlebnis". Das große Zauberwort hieß *Stubendurchgang* und Freund *Pissbacke* ließ es sich nicht nehmen, ihn als erster zu zelebrieren, anders kann man das nicht nennen. Böse Zungen behaupten, ihm wäre dabei der Geifer aus den Kiemen gelaufen und noch bösere Zungen behaupteten, dass noch etwas ganz anderes gelaufen wäre.

Unser Held lag bei diesem ersten Stubendurchgang schon im Bett, da er keinen Stubendienst hatte. Was er dann erlebte, glaubte er nicht. Das war Kinderkacke hoch drei und wurde doch mit vollem Ernst durchgespielt. So spielte sich das im Einzelnen ab, was er zunächst mit ungläubigen Kinderaugen wortlos und ohne Kommentar über sich ergehen ließ. Er glaubte, die Welt um ihn versank in einem Schleier und er saß in einem seltsamen Film in einer Zeit weit vor seiner.

„Stube 1 mit acht Mann besetzt, acht Mann anwesend, Stube fertig zum Stubendurchgang". So brüllte unser *Oldie Gregor* durch den Raum und seine rechte Hand zuckte nach oben, verhielt kurz vorn rechts und ging dann aber an die Mütze, wie alle erleichtert feststellten. Er hatte das den ganzen Nachmittag geübt und war diesbezüglich von den „Alten Hasen" eingewiesen worden. Pissbacke wusste zunächst nicht, ob er verarscht werden sollte (so genau war sich unser Held darüber auch nicht im Klaren), oder ob das ein besonderer Ausbruch von Eifer, Diszi-

plin und Verehrung sein sollte. Er entschied sich für das Letztere und setzte sein Schauspiel fort. Ganz Lichtgestalt, stand er in der Mitte des Raumes und betrachtete seine Umgebung mit Argusaugen. Auf den ersten Blick sah ja alles ganz normal und sauber aus, aber die Frischhasen hatten ja keine Ahnung, wo Dreck überall sitzen konnte.

Mit einer süffisanten Grimasse ging die Hand von *Pissbacke* über den oberen Rand des Türblattes und mit einer kräftigen Puste in Richtung von Gregors Gesicht blies er ihm den vermeintlichen Dreck mitten in sein verdutztes Gesicht. *„Sehen Sie mich noch?"*, zischte es aus ihm heraus und Gregor wurde krebsrot. Nun lief *Pissbacke* zu voller Form auf und zeigte Gregor Dreckloch auf Dreckloch. Zum Schluss zog er triumphierend den Stöpsel aus dem Bettpfosten und zog mindestens drei Kippen hervor. Spätestens in diesem Moment fing es bei unserem Helden an zu knurren, denn er wusste, dass bei ihnen keiner geraucht hatte, auf Stube wollten sie klare Luft haben und die Kippen waren trocken wie Stroh. *Pissbacke* zog nun mit dem armen Gregor eine Show ab, bei der der immer kleiner wurde. Unser Held konnte nicht mehr; er dachte: Jetzt musst Du eingreifen, egal was passiert. So bemerkte er dann nach einem kräftigen Räuspern: *„Herr Hauptwachtmeister, es ist 23.30 Uhr und wir sind sehr müde, wir hatten einen anstrengenden Tag und der morgige wird sicher nicht weniger lebhaft."* Langsam drehte sich *Pissbacke* um und fragte mit einem süßsauren Lächeln, ob er denn hier der Oberclown wäre.

Unser Held erklärte ihm, dass man ihn zum Stubenältesten gewählt hätte und wenn er Probleme damit hätte, könnten sie das sicher am nächsten Tag ausdiskutieren. *Pissbacke* hatte noch eine deftige Bemerkung auf den Lippen, zog es aber vor sich umzudrehen und verließ das Zimmer, nicht ohne noch die Bemerkung in seinen nicht vorhandenen Bart zu brummeln, sicher wird das morgen ein ereignisreicher Tag.

Alles schaute unseren Helden nach diesem Abgang bestürzt an, und in allen Augen war zu lesen *„Wenn das mal morgen gut geht"*. Derweil hatte der sich seine Einlage sehr wohl überlegt, denn er hatte von einigen Alten gehört, dass die Freundschaft der Gruppenführer untereinander gewissen Schwankungen unterlag.

Gruppenführer von Gruppe 1 war ein Sinnbild von Disziplin und Moral, aber auch von Gerechtigkeit. Pissbacke, der selbst der Gruppenführer der zweiten Gruppe war und Gruppenführer Kati, der der dritten Gruppe vorstand, sollten außerhalb der Kaserne unzertrennliche Schlitzohren sein. Die Unzertrennlichkeit soll sogar so weit gegangen sein, dass sie Betten, ob leer oder gefüllt, stets nur gemeinsam benutzten. Sogar beim Gang zur Toilette war Gemeinsamkeit angesagt, sicher um noch einmal die gemeinsamen Nachtabenteuer abzusprechen. Gedankenschluss also für unseren Helden war, dass sie durch seinen Auftritt sicher bei ihrem Gruppenführer keine Nachteile befürchten mussten.

So beruhigt gingen alle in ihre Betten und unser Held legte sich dann seinen Schlachtplan für den nächsten Tag fest, denn eins stand fest: Solche Typen konnten ihm keinen Schrecken einjagen, da hatte er so seine Methode und die wollte er auch in diesem Fall anwenden. Ihm würde diese Ratte nicht so schnell an die Wade pinkeln. So legte auch er sich dann in seine Kuhle, und obwohl die Federn empört quietschten, war er doch der Meinung, die würden das schon aushalten, denn das war bestimmt deutsche Qualitätsware und hatte schon den letzten Krieg überstanden, vielleicht auch schon den davor. Die Sprungfedern würden mit ihm schon zurechtkommen.

Bevor er sich nun in Morpheus Arme begab, dachte er noch mit einem Lächeln um die Mundwinkel – **Wenn ich das bei meinen Handballern erzähle, oh Gott – !**

Kapitel 4 – Preussens Gloria

Apropos Handball – unser Held war nicht nur seit zwei Tagen ein Preuße hinter dem Kasernentor, nein, auch davor war er seit fünf Jahren ein erfolgreicher Handballer beim BFC Preussen, gleich um die Ecke in der Malteserstraße, und er sollte seine Sportanlage recht bald auch von einer anderen Seite kennen lernen. Die Geschichte mit diesem BFC Preussen hatte nicht nur eher angefangen, sondern sollte auch länger andauern als die Geschichte seiner Karriere bei Preußens Gloria, die an diesem trüben Abend im November 2000 in der kleinen Sportlerkneipe ihr Ende fand.

Der Handball, das war die zweite unendliche Geschichte im Leben unseres Helden. Angefangen hatte alles im Sommer 1952 im hohen Berliner Norden an der Stätte seiner Geburt im Wedding. Genauer gesagt beim VfL Humboldt, ja, so hießen die damals und waren zu dieser Zeit noch ein erfolgsverwöhnter Handballverein. Zuvor hatte er sich noch in einer anderen Sportart versucht, nämlich beim Radsport. *„Lutscher"* hieß er bald in Radfahrerkreisen, weil es nicht seine Art war, viel ausdauernde Kräfte zu investieren, sondern sich immer irgendwo im großen Hauptfeld oder in Ausreißergruppen ranzuhängen und immer so mitzulutschen und dann immer erst in der entscheidenden Situation mit all seiner Kraft die Pedale zu verbiegen, um dann anderen, die sich kilometerlang gequält hatten, den verdienten Sieg zu entreißen.

Zwei Rennen gaben dann den Ausschlag, dieser Sportart den Rücken zu kehren. Zum einen, als er sich beim Neuköllner Rundstreckenrennen *„Rund um die Kindelbrauerei"* allein gelassen 22 Mal den Rollberg hochgequält und nur durchgehalten hatte, weil am Straßenrand sein großes Radsportidol *Itze Irrgang* stand und den Nachwuchs des BRC Endspurt, so hieß damals beider Verein, beobachtete, um den Jugendförderkreis zu informieren. Nach dem Rennen gab's dann in der Groterjahn-Brauerei vom damaligen Sponsor Direktor Pinecki, (damals gab es wenigstens noch Sponsoren), Fassbrause ohne Ende. Wirklich Fassbrause, denn den „*Plötz*" hatte unser Held noch nicht erfunden. Nach der Berliner Meisterschaft, „*Rund um die Havelberge*" mit zwei kräftezehrenden Anstiegen zum Kaiser-Wilhelm-Turm und über den „*Kilometerberg*" hatte er von der Schinderei die Schnauze voll und wechselte die Sportart.

So kam ihm dann der Hilferuf eines damals schon bekannten und auch erfolgreichen Handballvereins entgegen. Im Frühjahr 1952 landete ein Notruf der Handballer des VfL Humboldt an der Schule unseres Helden. Man suchte Handballer, groß und kräftig sollten sie sein; die Geheimnisse dieses Spiels würde man ihnen schon beibringen. Unser Held wurde nun also über Nacht zum Handballer. Es dauerte aber einige Zeit, bis er sich für diese Sportart so richtig begeisterte, denn damals ging es noch bei jedem Wetter auf den Rasen beziehungsweise meistens auf die Schlacke und man sah danach meist aus wie Sau.

Bis 1954 wurde er dann erfolgreicher Stürmer in der C- und B-Jugend der Nordberliner. Diese aktive Karriere sollte dann über 23 Jahre andauern, in denen er in weit über zweitausend Spielen auch über viertausend Tore warf, und seine Karriere als Handballfunktionär sollte eine „*unendliche Geschichte*" werden, die bei der ersten Verfassung zu der Niederschrift dieses Buches im Jahre 2009 immer noch andauerte. Die Kraft zu dieser Aufgabe holte er sich jährlich in den Ferien oder später im Urlaub immer an seiner geliebten Nordsee auf der grünen Insel Föhr, oder nach der deutschen Wende auf der Ostseeinsel Usedom.

Aber zurück in das Jahr 1954. Es geschah zu dieser Zeit, dass er mit seiner Mutter gleich nach der Einsegnung seinen geliebten Wedding verließ - damals noch widerwillig, heute ist er dafür dem Schicksal dankbar - und mit ihr an das andere Ende diese großen Stadt zog, 15 Kilometer tief in den Süden in sein neues Erfolgsgebiet Lankwitz in die erste Hochhaussiedlung der DeGeWo.

„Seid männlich und seid stark", mit diesem Bibelspruch, der ihm bei seiner Einsegnung mitgegeben wurde, verließ er einen verstimmten Pfarrer, um getreu dieses Bibelspruches einen neuen Lebensabschnitt zu betreten.

Der alte 16er war ein Doppeldecker-Bus, noch mit großer Schnauze und mit einem riesigen Schalthebel, der zwei kräftige BVG-Hände benötigte – und wenn er sich verschaltete, ging ein großes Schütteln durch den *„großen Gelben"*, da waren dann alle Schläfer wach. Dieser Bus war noch ein halbes Jahr seine morgendliche Schlafkabine, wenn es zur Schule ging und seine abendliche, wenn er vom Training in der Bernauer Straße kam. Das war Stress in Vollendung und da spendete auch der Titel eines Berliner Meisters nicht genug Trost um sich das anzutun.

Zwischenzeitlich hatte er sich auch noch einer anderen Sportart mit Begeisterung zugewandt. Die hieß damals noch nicht Formel I und die *Schumacher, Vettel* und *Alonso* hießen damals *Fangio, Herrmann und Kling,* aber die Protagonisten waren dieselben wie heute und zogen schon damals Tausende an die Rennstrecke, denn die AVUS war die schnellste Rennstrecke der Welt und der legendäre Rennstallleiter bei den Silberpfeilen, *Alfred Neubauer,* war eine Lichtgestalt an den Pisten der Welt. Unser Held wurde ein großer Fan dieser Sportart und begeisterter Zuschauer an den Rändern der Avus. Zu dieser Zeit erwachten der Rausch der Geschwindigkeit und die Neugierde auf unser schönes deutsches Land in ihm.

So trafen sich immer am Wochenende die Moped-Freaks auf der Heerstraße, bastelten an ihren Rennfeilen, kitzelten so manches PS aus den kleinen Motoren und dann ging es mit 70 oder 80 über die Heerstraße, statt mit den erlaubten 40 km/h. Unter der Woche war das nicht möglich, da unser Held ja schon zur schaffenden Arbeiterklasse gehörte und seine Brötchen im wahrsten Sinne des Wortes als Bäckerlehrling verdiente. Sicher nicht sein Traumberuf, aber die Zeiten waren schwer und nach zwei Fehlversuchen im Jugendnoteinsatz und unter der Erde auf

der Zeche Zollverein in Essen, hatte sein Vater und Oberversuchsbackmeister angeordnet, mein Sohn, nun wirst du Bäcker.

Widerwillig ging er zur Innung und sagte: Mein Name ist Plötz, ich be-
nötige eine Lehrstelle, wo wenig mit der Hand gearbeitet wird und die
in der Nähe meiner Wohnung liegt. Der Innungsmeister runzelte die
Stirn und bedauerte sehr. Nach kurzer Pause sagte er aber, wie ist Ihr
Name? Sind Sie der Sohn von Oberversuchsbackmeister Arnold Plötz?
und schon war alles geritzt. Da wusste er nun, was Vitamin B ist. Er ar-
rangierte sich, bekam Spaß an der Sache, wurde Präsident des Berufsschulparlaments und legte seine Gesellenprüfung als bester Berliner ab.
Aber er sah nicht mehr viel von der Welt. Morgens noch im Dunkel zur
Arbeit und abends früh ins Bett, da man ja wieder früh raus musste.

Kapitel 5 – Als das Reisen begann

Das macht mit der Zeit einsam. Da wuchs in ihm der Gedanke, sich im
Urlaub auf sein Moped zu setzen und die deutschen Lande zu erkunden.
Die Fahrtroute wurde streng nach den Wohnorten beliebter Verwandter
ausgerichtet, damit man möglichst billig durchs Land kam. So ging es
dann 1957 mit Kumpel *Welle* und zwei Mopeds quer durch Deutsch-
land, zunächst zur Großtante nach Düsseldorf. Er sah sich ausgiebig die
Nordrheinwestfälische Landeshauptstadt Düsseldorf an, trank abends
Bier auf der „Kö" und war ansonsten kostenfrei unterwegs, denn die
Großtante freute sich, den Neffen aus Berlin betutteln zu können.

Dass sie nur sehr langsam vorankamen, hatte auch sein Gutes, denn sie
sahen viel von der schönen deutschen Landschaft. Am Bodensee machten sie 14 Tage herrlichen Urlaub und lernten Franzosen kennen, die sie
zu sich in die Bretagne einluden. Zur nächtlichen Ruhe hatten sie sogar

ein Komfortzelt in Hanglage mit fließendem Wasser. Oben lief es bei Regen rein und unten wieder raus. Wieder zurück in Berlin hatten sie mit ihren Mopeds fast 2500 Kilometer zurückgelegt - ein wahrhaftiges Abenteuer bei Regen, Sturm und Wind und auch herrlichem Sonnenschein und dem Rausch von Spitzengeschwindigkeiten von 40 km/h.

Das 1. Moped, 1955 (Foto: privat)

Aber in Berlin warteten große Aufgaben auf unseren Helden, vor allem im Handball gab es viel zu tun. Da er ja in seinem neuen Wohnort Lankwitz wenige Leute kannte, wollte er schnell wieder unter Leute und da war natürlich die Suche nach einem Handballverein in der Umgebung vorrangig. Ja, den Handball mochte er inzwischen sehr und in Lankwitz gab es damals nur den BFC Preussen, einen Verein mit vielen Sportarten und über 1000 Mitgliedern. Handball wurde da noch sehr bescheiden gespielt.

So passierte es dann an einem schönen Herbsttag 1953. An einem Sonntagvormittag, nach einem kleinen Waldlauf durch den Lankwitzer Gemeindepark kam er plötzlich an der Malteserstraße aus dem Park und sah auf der anderen Seite die Sportanlage des BFC Preussen und hörte viel Krach aus dem Stadion herüberschallen. Sehr vertrauenswürdig sah das Stadion von außen nicht aus. Blickfang der Stadionanlage war eine große Ruine. Das war dereinst ein pompöses Sportcasino mit vielen Büros und Umkleidekabinen gewesen, das in den letzten Kriegstagen bei einem Großangriff auf Lankwitz von Bomben zerstört worden war, wurde ihm später aus kompetentem Munde mitgeteilt. Die einstige Großsportanlage mit Stadion, vier Nebenplätzen und zehn Tennisplätzen des berühmten BFC Preussen hatte in den letzten Kriegstagen schwer gelitten und die Preussen, eine große Berliner Sportfamilie, hatten 1948 begonnen, ihre Heimstatt wieder aufzubauen. Er ging nun ins Stadion und gewahrte dort etwa 200 Zuschauer, die begeistert einem Fußballspiel zuschauten, bei dem gerade Halbzeit war. Da er vor großen Tieren nie Scheu hatte, ging er zu einer Gruppe älterer Herren, die kompetent über das Spiel diskutierten. Er ging zu den Herren hin und stellte sich und sein Anliegen, dass er Handballspieler sei und einen neuen Verein suche, vor. Ein kleiner älterer Herr mit hoher Stirn sagte ihm, dass er der Präsident der Preussen sei und *Ewald Bluhm* heißen würde und ja, sie hätten auch Handballer, die würden gerade auf einem der Nebenplätze spielen. Danach erzählte er ihm noch einige Dinge über den BFC Preussen und unser Held hörte aufmerksam und interessiert zu. So bemerkte er noch, dass dieses Stadion schon bessere Zeiten erlebt habe. Zum Beispiel waren zum Eröffnungsspiel in diesem Stadion 1939 beim Spiel der Preussen gegen Fortuna Düsseldorf rund 30.000 Zuschauer anwesend gewesen.

Während sie noch eine Weile zusammenstanden und sich unterhielten, erfuhr unser Held noch viele interessante Dinge über den BFC Preussen. Wenn man damals schon gewusst hätte, dass der Schüler, der dort mit dem Präsidenten Ewald Bluhm plauderte, nur 25 Jahre später selbst einmal Präsident des BFC Preussen sein würde, hätte man diese Situation sicher mit „*Wahnsinn*" bezeichnet. Nach einer ganzen Weile beendeten sie ihr Gespräch und unser Held ging nach hinten zu einem der Nebenplätze.

Hier spielte gerade die mB-Jugend der kleinen Handballabteilung, damals noch in der Bezirksliga gegen Zehlendorf 88. Unser Held gewahrte etliche Eltern am Spielfeldrand, die – ganz Familie - an einem Tisch bei Kaffee und Kuchen saßen und über das Spiel diskutierten. Er gesellte sich zu Ihnen und erneuerte seine Anfrage. Ja, man sei die Handballabteilung, erst vor zwei Jahren neu gegründet, noch im Aufbau und noch sehr klein. Man würde sich sehr freuen, wenn er Lust hätte bei ihnen zu spielen. Große und kräftige Spieler konnte man sicher gebrauchen, zumal wenn sie schon einigermaßen ausgebildet seien. Unser Held erklärte sein Interesse; er würde mal beim Training vorbeischauen, um der kleinen Handballgruppe zu helfen. Noch spielte die B-Jugend in der Bezirksliga.

Das sollte sich ändern, als *Manne Plötz* von VfL Humboldt kam. Es gab sogar ein Ablösespiel, natürlich nur Spiel ohne Ablöse, und dann war er ein Preusse und hatte anno 1954 sein drittes großes Tor durchschritten, noch immer groß, blond und blauäugig. Noch immer wurde Feldhandball gespielt und bei Preussen nun auf Rasen. Ins Stadion durften die Handballer noch nicht, das war den Leichtathleten und in erster Linie den Fußballern vorbehalten. So stand er da im Stadion und träumte, auch einmal in dieses Stadion einlaufen zu können.

Fünf Jahre später, er hatte gerade die A-Jugend in die Oberliga geschossen, war auch schon Jugendtrainer und Jugendleiter und stand kurz vor dem Sprung in die 1. Männer, sollte dieser Traum Realität werden. Allerdings anders, als er sich dies gedacht hatte.

Kapitel 6 - Fisch in Fassbrause

„Antreten marsch", brüllte *Pissbacke* über den Kasernenhof. Sie standen in Dreierreihe und mussten sich ausrichten, das hatten sie in den letzten Wochen bis zum Abwinken geübt. Vom Himmel stach eine unbarmherzige Sonne in diesem Sommer 1959. Die Luft flimmerte über dem Kasernenhof und unserem Helden entfleuchte ein donnernder, aus tiefster Seele kommender Rülpser, der ihm die Kohlensäure aus Mund, Nase und, oh wie herrlich, auch aus den Augen trieb. *Pissbacke* blickte erschrocken zum Himmel, glaubte er doch ein Donnergrollen gehört zu haben, aber es war ja nur der Liter Fassbrause, den unser Held in der Kantine nach einem kräftigen Fischessen im Speisesaal sich einverleibt hatte, mit Sonderration vom Küchenbullen, versteht sich. Danach hatten sie sich zur wohlverdienten Mittagsruhe auf die Plauze gelegt bis, bis *Pissbacke* durch den Flur rannte, alle Türen aufriss und voll Begeisterung verkündete, dass sie heute die erste Übung für ihr Sportabzeichen machen würden, 5000 m im Preussen-Stadion. Niemand teilte seine Begeisterung. Jeder kramte sein Sportzeug zusammen, zog seine tollen grünen Turnhosen an, die lebhaft an die Polizeiunterwäsche erinnerten, nahm seinen Trainingsanzug, natürlich dunkelblau in Polizeifarbe und in einer hervorragenden Qualität der späten Zwanziger. Dann kamen die Turnschuhe, Leute, das glaubt ihr nicht: sie hatten sie gerade vor einigen Tagen erst schwarz angemalt, denn bekommen hatte man sie in Naturleder. Das Oberleder biegsam wie ein Waschbrett und eine Sohle, die als Nahkampfwaffe besser geeignet war als jeder Holzknüppel.

So standen sie denn vor der Bereitschaft und ab ging es im Sturmlauf durch den Lankwitzer Gemeindepark ins Preussen-Stadion, wo unser Held den einzigen 5000-Meter-Lauf seines Lebens laufen sollte. Er ist ihn zweimal gelaufen, das erste und das letzte Mal.

Das steckte also hinter *Pissbackes* Versprechen vom gestrigen Stubendurchgang. 5000 Meter bei diesem Wetter und mit diesen Sportschuhen hätten jeden Sportarzt zur Weißglut gebracht. Aber *Pissbacke* strahlte über alles, was er hatte und teilte frohgestimmt zwei Laufgruppen ein. Unser Held war in der zweiten Gruppe und konnte sich das Leiden schon mal ansehen, damit er auf den richtigen Geschmack kam. Er hatte auch fürsorglich alle vermeintlich guten Läufer in seine Gruppe gesteckt.

Das war nun die Erfüllung seines Traumes, in dieses Stadion einlaufen zu können. Nur hatte er sich das etwas anders vorgestellt. 23 Minuten durfte sein Auftritt dauern, so schrieben es die Gesetze des Sportabzeichens vor. Er war immer ein begeisterter Sportler gewesen, aber wenn er etwas hasste, dann waren es Langstreckenläufe. Er wusste, dass dieser Lauf für ihn eine Qual werden würde, aber er schwor sich, auch für *Pissbacke* sollte es ein unvergessliches Erlebnis werden. Grinsend stand er am Start und gab den Männern frivole Ratschläge. Seine spindeldürren krummen Beine konnte auch der frisch gereinigte Trainingsanzug nicht verbergen und man glaubt es kaum, sogar die Trainingshose trug eine Bügelfalte.

Auf die Plätze – fertig - los und ab ging es über zwölf Stadionrunden um den heiligen Preussenrasen. Ich will es kurz machen, nach fünf Runden lief sich unser Held langsam einen Wolf. In der achten Runde schmiss er die Turnschuhe weg und lief auf Strümpfen. Jedes Mal an Start und Ziel sah er die grinsende Fresse von *Pissbacke*, das baute ihn auf.

Was hielt unseren Helden eigentlich aufrecht unter dieser stechenden Sonne? In Gedanken war er bei diesem Mörderwetter im Sommer 1959 wohl an seiner geliebten Nordsee. Die See hatte es ihm besonders angetan und bei dem Gedanken, dass er heute Mittag den Fisch durch die neue Küchenmamsell Marianne – eine bildhübsche Braut Anfang 20 – serviert bekommen hatte, sprangen seine Gedanken während des ermüdenden Rundenlaufes in das Jahr 1949, wo er erstmals einen herrlichen Urlaub der Kinderlandverschickung in St. Peter an die Nordsee erleben durfte, im damals noch herrlich weißen Nordseesand lag und seine erste große Liebe *Silvia* lag neben ihm in den Dünen. Sie haben damals oft Händchen gehalten und sich ewige Treue geschworen, großes Indianerehrenwort.

Plötzlich hörte er eine laute Stimme rufen und er dachte schon, Frau Gerstenmeier, die Heim-Erzieherin, wollte die beiden Jungverliebten wieder aus den Dünen holen. Aber als er die Augen öffnete, war er wieder im Glutofen des Preussen-Stadions und *Pissbacke* brüllte: *„Noch drei Runden, ihr Schlappschwänze, und eure Zeit ist miserabel!"* Er sah in das stark verschwitzte Gesicht von *Pissbacke* und fragte sich, warum schwitzte der eigentlich, der braucht sicher eine Erfrischung.

Ab der neunten Runde wurde nun der Fisch in der Fassbrause in seinem Magen unruhig und in der elften Runde wollte er nach oben und ihm kam die Erkenntnis wie man *Pissbacke* erfrischen konnte. Er biss die Zähne aufeinander und wurde schneller. Noch fünfzig Meter bis zu Start und Ziel. Er beschleunigte und schaffte es: genau an Start und Ziel brach es mit Urgewalt aus ihm heraus. Fisch und Fassbrause in Einigkeit ergossen sich in einen gewaltigen Strom über den grinsenden *Pissbacke*. Die letzte Runde schaffte er in 64 Sekunden und damit hatte er nicht nur die Sportabzeichen-Qualifikation für die 5000 Meter erfüllt, sondern erreichte das Ziel noch so rechtzeitig, um das Ergebnis seines Totalausbruches genussvoll betrachten zu können.

Pissbacke stand im wahrsten Sinne des Wortes wie ein begossener Pudel da. Den Rest des Tages hatten sie Ruhe vor ihm. Spätestens als sie alle auf ihren Stuben waren und sie plötzlich eine Stimme auf dem Flur brüllen hörten - *Das stinkt ja hier wie Sau!* – ging ein genussvolles Grinsen über ihre Gesichter. Dieses Erlebnis –*Pissbacke* in Heringsfilet mit Fassbrause angesetzt – war alle Strapazen wert gewesen. Als unser Held entkräftet und voller Blasen an den Füßen am Abend frühzeitig in seiner Koje verschwand, dachte er nur noch: **Oh Gott, wenn ich das meinen Preussen erzähle.**

Kapitel 7 – Wir werden Polizisten

In den nächsten Tagen entzog er sich seiner Rache, indem er seine Blasen im Krankenrevier von Jungschwester Ilse behandeln ließ. Hier herrschte Quacksalber *Dr. Pille*, wie sie ihn scherzhaft nannten, denn die Schlange der jeden Morgen vor der Sanitätsstube stehenden Polizisten wurde von ihm streng nach Pillen eingeteilt. Die ersten drei bekamen rote Pillen, die nächsten drei gelbe und so weiter. Bis eines Tages ein junger Polizist fast von der Lebensschippe gesprungen wäre, weil eben ein geplatzter Blinddarm nicht auf farbige Pillen reagierte. *Dr. Pille* wurde oberster Amtsarzt – eine alte deutsche Methode: Wer oben ist und Fehler macht, der stolpert weiter nach oben und wird so aus dem Verkehr gezogen. Das ist Politik, die auch im dritten Jahrtausend noch Gültigkeit haben sollte.

Für weitere Schweinereien war in den nächsten Wochen wenig Zeit. Unterricht und Pauken hieß die Devise. Schon damals waren das Verkehrsrecht und das Strafrecht für unseren Helden die beliebtesten Fächer, und das sollte ihm später noch viel helfen.

Eines Tages mussten sich die *„Jung-Bullen"* landfein machen. Es ging ins Polizeipräsidium nach Tempelhof. Passbilder für den ersten Dienstausweis waren zu erstellen. Alle wurden auf die Wunder-Hanomags verladen. Wunder, weil bisher noch keiner einen kaputt bekommen hatte, obwohl auch sie so aussahen, als hätten sie schon 30 Jahre auf ihrem Buckel und keiner der Wagen mehr als dreißigtausend Kilometer abgespult hatte. Sie wurden - wie alles damals bei der Polizei - mehr gepflegt als benutzt und es galt damals in der deutschen Autowelt die einfache Devise: *„Ein wenig Blech, ein wenig Lack, fertig ist der Hanomag"* und so fuhren sie dann auch.

In Tempelhof wurden dann die Passfotos beim Erkennungsdienst geschossen und die *„Jung-Bullen"* saßen auf demselben Stuhl, auf dem sonst Schwerverbrecher abgelichtet wurden. Übrigens sahen die Fotos auch nicht besser aus.

Da sie alle einzeln in das Zimmer gebeten wurden, mussten sie auf dem langen Gang warten. Unser Held stand am Fenster und sah gedankenverloren auf den Platz der Luftbrücke und betrachtete versonnen das Luftbrückendenkmal. Seine Gedanken schwammen zurück in das Jahr 1949, und er hörte sie auf einmal wieder brummen, die *Rosinenbomber*, wie man sie damals liebevoll nannte. Acht Jahre war unser Held damals alt, als die Russen glaubten, Berlin endgültig einkassieren zu können und am 24. Juni 1948 alle Landwege nach Berlin blockierten. Einen Krieg wollten die Westmächte nicht riskieren, zu frisch waren noch die Erinnerungen an den zweiten Weltkrieg und vermutlich auch zu leer die Kriegskassen und Arsenale. Da starteten die Alliierten das Unternehmen *"Luftbrücke"*.

Eine Millionenstadt wurde aus der Luft versorgt mit allem, was benötigt wurde. Vom Toilettenpapier bis zur Kohle, alles kam über den Luftweg nach Berlin über die drei Luftkorridore Hannover – Frankfurt - Hamburg. Das symbolisieren noch heute die drei Zacken auf dem zu Ehren der gefallenen Piloten errichteten Luftbrückendenkmal, das die Berliner mit dem ihnen eigenen Humor die *„Hungerkralle"* nennen. Das war zelebriertes Geschichtsbewusstsein der Berliner, und dafür hat die Welt die Berliner geehrt. Fast 60 Jahre später sollte einem zu diesem Bewusstsein nicht fähigen Regierenden Bürgermeister dieses fast zu seinem Waterloo werden.

Alle zwei Minuten schwebten damals die *„Rosinenbomber"* in Tempelhof, Tegel oder Gatow ein oder starteten in den strahlend blauen Berliner Himmel. Die Berliner Jugend versammelte sich regelmäßig an bestimmten Berliner Plätzen und die Piloten warfen dann immer einen Bonbonregen auf die Menge runter.

Es war schon eine tolle logistische Leistung, bei der der legendäre *General Lucius D. Clay* damals die Fäden eisern in der Hand hielt, und keiner wird die Worte *Ernst Reuters*, des damaligen Oberbürgermeisters von West-Berlin, je vergessen, als er vor 500 000 Menschen vor dem Reichstag rief *„Bürger der Welt, schaut auf diese Stadt Berlin und seht diesen Freiheitskampf. Dieser Kampf darf und wird nicht verloren gehen."* Und er ging auch nicht verloren. Am 12. Mai 1949 ließen die Russen wutschnaubend die erste Kolonne amerikanischer Lastwagen wieder von Helmstedt nach Berlin fahren. Dort wurden sie von zigtausenden Berlinern jubelnd begrüßt.

Das war noch ein Bürgermeister von echtem Berliner Gefühl, anders als der *„Wowi"* sechzig Jahre später, der den Namen Berlins nur mit dummen Sprüchen in die Welt tragen konnte. Aber in diesen Jahren hatten wir mit einem Ernst Reuter einen Mann an der Spitze Berlins, auf den die Welt ehrfurchtsvoll blickte und von dem sie mit großem Respekt sprach und dessen Rede vor dem Reichstag unvergessen ist. Die Berliner waren stolz, dass sie durchgehalten hatten und einen Sieg der Freiheit mit unbändigem Willen mitgetragen hatten.

Auch unser Held war stolz, auch wenn sein Anteil eher darin gelegen hatte, Bonbons aufzusammeln und Trockenmohrrüben und Trockenkartoffeln würdevoll runter gewürgt zu haben, auch wenn er heute sagt, die Trockenmöhren waren lecker. Allein davon wäre er nicht so ein Brocken geworden. Manch einer sollte sich auch heute ab und zu an diese Zeit erinnern und nicht immer nur schreien *„Aber bitte mit Sahne".*

„Wachtmeister Plötz!" schallte es laut über den Flur. Ja, sie hatten den ersten Dienstgrad erhalten – Wachtmeister – Besoldungsgruppe A 5 und unser Held riss sich wieder aus seinen Träumen und trottete auf den Verbrecherstuhl des Erkennungsdienstes. Am nächsten Tag bekamen sie dann ihre ersten Dienstausweise. *„Paketkarten"* wurden sie von den Älteren der Bereitschaft süffisant genannt. Für die alten Hasen war dies

das Markenzeichen der *„Füchse"* fürs Bierholen und –bezahlen, versteht sich. Aber so sahen sie auch aus, im Format DIN A 6 und postgelb, aber die jungen Polizisten waren richtig stolz, konnten sie sich doch jetzt jederzeit als Polizeibeamte zu erkennen geben.

Unser Held setzte da auch gleich eine Duftnote der besonderen Art. Es war an einem schönen Samstag, man hatte dienstfrei und bei den Handball-Preussen galt es eine fröhliche Runde zu beseelen. Zu später Stunde musste er zum Bahnhof Zoo, er hatte seinem neuen Freund und Kollegen Dieter aus Spandau versprochen, ihn von dort abzuholen, um dann gemeinsam die Kaserne zu erreichen. Was jetzt in wenigen Zeilen erzählt wird, hat damals einen ganzen Disziplinarband gefüllt.

Man traf sich pünktlich am Bahnhof Zoo und da noch etwas Zeit war, ging man noch auf zwei Bier ins Hofbräuhaus. Vielleicht waren da noch zwei einsame Herzen zu trösten. Mit trösten war nichts und man fuhr rechtzeitig nach Lankwitz. Kurz vor der Siemensstraße überholte ein Käfer mit quietschenden Reifen unsere beiden Jungpolizisten, zeigte den rechten Fahrtrichtungsanzeiger, fuhr aber geradeaus weiter. Die Polizistenherzen erwachten ob solcher Missetaten und nahmen die Verfolgung auf.

Eine wilde Hatz begann. Der Verfolgte versuchte unseren beiden pflichteifrigen Beamten zu entkommen, aber *Steve McQueen* ließ grüßen. Wären die Straßen nicht so eben gewesen, hätte man glauben können, im Film *„Bullet"* zu sitzen, der lief aber erst Jahre später über die deutschen TV-Kanäle. Eine wilde Jagd durch Lankwitz begann, die dann aber nach vergeblichen Versuchen des Entkommens an der Lankwitzer Post endete. Unsere Helden sprangen aus ihrem Auto und jetzt endlich konnte er in Aktion treten, der neue Dienstausweis.

Der Fahrer – nix deutsch, da Italiener - gab sich angesichts des Auswieses von *„Polizia"* demütig und einsichtsvoll und versprach Besserung. Er hatte geglaubt, ein Autorennen wäre angesagt gewesen. Da unsere

Helden zwar schon Verkehrsunterricht genossen hatten, waren sie natürlich auf diesem Gebiet topfit, aber wie ein italienischer Führerschein auszusehen hatte, wusste keiner der beiden. Deswegen wurde befohlen *„Folgen Sie mir zum Polizeirevier".* Der Täter war willig und wollte folgen, aber ein Rentnerehepaar, durch die Verfolgungsjagd des Schlafes beraubt, glaubte an das Abenteuer seines Lebens. Als hätten sie Al Capone gefangen, sprangen sie vor den anfahrenden Wagen unserer Helden und schrien um ihr Leben; die Polizei hätten sie auch schon alarmiert und im Übrigen wären alle betrunken.

Auch die Vorlage des neuen Dienstausweises zeigte in diesem Fall keine Wirkung, sondern entlockte dem alten Mann nur den schrillen Ruf *„Alles Fälschung!"* Nach wenigen Minuten war auch schon die *„blaue Minna"* da und diesmal zeigte der neue Dienstausweis zumindest bedingte Wirkung. Um die nächtliche Ruhe in Lankwitz wieder herzustellen, wurden alle Teilnehmer dieser Mitternachtsposse zum Revier 194 in die Leonorenstraße gebeten und aus war es da mit der nächtlichen Ruhe auf dem Revier. Das Rentnerehepaar konnte sich nicht beruhigen und da unser Held den Genuss von Alkohol zugeben musste, musste der Streifenführer eine Blutentnahme anordnen.

Der Italiener war nach Überprüfung entlassen worden und auch Freund Dieter hatte zwischenzeitlich den Weg in Richtung Kaserne angetreten. So musste dann unser Held in die *„Wanne"* und ab ging es nach Spandau zur Blutkontrolle, immer verfolgt von dem Rentnerehepaar, das nun Kungelei vermutete. In der Grunewaldstraße wurde es dem Kraftfahrer der Wanne zu viel, er schaltete das Blaulicht an und erklärte leicht gereizt, *„Wenn der weiter hinter uns bleibt, halte ich ihn an und erstatte Anzeige wegen überhöhter Geschwindigkeit".* Die *„Wanne"* war damals schon ein Opel Blitz und der hatte Feuer unter der Haube.

Im Schatten der Nacht und des nahen Grunewalds verloren sie ihre Verfolger schnell aus dem Auge. Ob die den Weg nach Lankwitz je zurückgefunden haben, ist nicht verbrieft, es wurde aber auch kein Rentnerpaar als vermisst gemeldet.

So kam man dann ungeschoren nach Spandau und dort hatte ausgerechnet *Dr. Pille* aus Lankwitz Bereitschaftsdienst. Er war müde und zeigte sich als Gemütsmensch, traf glücklicherweise auch die richtige Vene und um Mitternacht war man wieder in der Kaserne.

Es ging alles noch einmal gut. 0,25 Promille lautete das Ergebnis, der Riesenkörper hatte alles schnell verbrannt, und der Führerschein kam per Post zurück. Freispruch erteilte der Richter, aber nicht der Disziplinargewaltige der Polizei. Fünfundzwanzig Deutsche Mark Buße - und das waren 1960 rund dreizehn Prozent des Monatsgehaltes - und eine Belehrung ließen sich nicht vermeiden. Das sah der Regierende Bürgermeister Wowereit 50 Jahre später bei seinem beamteten Staatssekretär, der wegen Steuerhinterziehung belangt wurde, anders und lehnte eine Disziplinarstrafe ab. So ändern sich die Zeiten und die Beziehungen.

Das war nun das erste Erlebnis zum Thema neuer Dienstausweis. Die Lehre war, man lässt ihn lieber stecken und regelt alles wie immer auf die altdeutsche Art. Völlig übermüdet fiel unser Held in sein gebogenes Bett und dachte vor dem Einschlafen nur noch: **Oh Gott, wenn ich das meinen Preussen erzähle.**

Wie gesagt gab es am nächsten Ersten 13 Prozent weniger Gehalt. Das war ja nur ein Posten den unser Held bei der Auszahlungszeremonie verlor. Man muss sich einen großen Saal vorstellen mit einer Reihe von Tischen, hinter denen überall Geldgeier saßen. Am Beginn thronte der Spieß und überwachte die Auszahlung des Gehaltes.

Das Gehalt wurde in vielen kleinen Scheinen ausgezahlt. Zum einen, weil es nach mehr aussah und zum anderen, damit man passender seinen Obolus bei den einzelnen Geldgeiern abgeben konnte. Das hatte alles den Anschein von Schutzgeldpressung à la Mafia. Da war zunächst die Gewerkschaft, auf die unser Held sein ganzes Leben nie gut zu sprechen war. Dann wurde gesammelt für Fischfutter, für das Aquarium des Spießes, das vor seiner Wohnung in der Bereitschaft stand. Viele dieser Dienstränge wohnten damals mit ihren Familien in der Kaserne und da gab es einige Exzesse, über die später noch zu berichten sein wird. Ja, und dann saß da ein Spendensammler vom Roten Kreuz und was weiß ich noch alles für Leute. Am Schluss thronte Kantinenchef Bolle und zog seine Kredite für Kantinendollar ein und selbstverständlich verkaufte er auch schon wieder neue.

So gab es dann immer einige, die am Ende nicht mehr viel in der Hand hatten, zumal wenn sie noch ihre Schulden bei den Kollegen für verlorene Doppelkopfspiele bezahlt hatten. Doppelkopf wurde in der langweiligen Kasernenzeit viel gespielt, das Spiel zu können war alleroberste Pflicht und man sprach sogar davon, dass es Einstellungsvoraussetzung war. Gerade bei den alten Hasen gab es regelrechte Zockerstuben. Unser Held verbrachte wenig Zeit in der Kantine und war lieber öfter nach dem Handballtraining im Vereinsheim der Preussen, das heutige Tenniscasino, denn das neue Preussencasino war noch im Entstehen. Die ganze Preussenfamilie packte damals an und Fußballer und Handballer schippten gemeinsam die Grundmauern wieder frei, auf denen ein neues Haus entstehen sollte. 1960 war dann unter Präsident *Ewald Blum* die feierliche Eröffnung. Bis dahin begnügte man sich mit dem Tenniscasino. Es lag nur wenige hundert Meter von der Kaserne entfernt auf der anderen Seite des Lankwitzer Gemeindeparks. Hier wurde Einkehr gehalten nach schweißtreibendem Training, um einen kühlen „*Plötz*", der inzwischen auch erfunden war, einzuziehen. Trainiert wurde viel und unter dem neuen Spielertrainer und Jugendleiter, unserem Helden, wurde viel und intensiv gearbeitet. Man wollte ja groß und stark werden. Die ersten Aufstiege und Meisterschaften hatte er ja noch selbst erschossen, aber da die Erfolge sich schnell rumsprachen, fing die kleine Jugendabteilung der Handballer an zu wachsen und neben unserem Helden wurde ein Name zum Markenzeichen der Erfolgsstory: *Rudolf Wagner,* seines Zeichens Sportlehrer an der Kopernikus Oberschule in Lichterfelde. Doch darüber später mehr.

Kapitel 8 – Die Thalia-Bande

Als unser Held so die Gehaltsauszahlung betrachtete und das Wort Mafia-Bande durch seinen Kopf ging, spulte sich vor seinem geistigen Auge wieder eine Zeit seiner Jugend ab, die so lange noch gar nicht her war. Obwohl er damals noch gar nicht daran gedacht hatte, Polizist zu werden, hatte er unbewusst sein zweites Polizeierlebnis der besonderen Art genossen. Das große Stichwort hieß „*Thalia-Bande*".

Das war so in der Zeit von 1955 bis 1957. Auch die damalige ältere Generation hatte so ihre Probleme mit der damaligen wilden Jugend. Das war immer so und wird wohl immer so sein und viele Ältere sollten sich einfach an ihre Jugend erinnern, dann hätten sie vielleicht weniger Probleme mit der sogenannten schwierigen Jugend.

„*Thalia-Bande*", was war das? *Thalia* war zunächst ein Kino in Lankwitz, dessen Besitzer ein waschechter Sachse war. Er hatte nicht nur Probleme, seine Sprache hier in Berlin zu verkaufen, denn der Berliner hasste nichts mehr als das Sächsische – heute wie damals. Er hatte auch so seine Probleme mit der Jugend.

Bande, das waren zehn bis zwölf jüngere Burschen zwischen sechzehn und siebzehn, die alle stolze Besitzer eines eigenen Mopeds waren und sich allabendlich vor dem Thalia-Kino trafen. Da auch unser Held dabei war, waren die Unterhaltungen und auch die Musik oft recht lautstark und da wurde von der älteren Bevölkerung unter Anleitung unseres Sachsen schnell der Begriff „*Thalia-Bande*" geprägt.

Abend für Abend standen sie nun vor dem Kino, knatterten mit ihren Mopeds durch die Gegend und unterhielten sich. Es gab viel zu erzählen, denn unser Held und sein Freund Wolle unternahmen viele Touren mit den Mopeds. Bis zum Bodensee waren sie unterwegs und auf der Hinfahrt und der Rückfahrt wurde immer Station bei Vater Plötz in Werne in Nordrhein-Westfalen gemacht, um die Fahrzeuge und die Geldbörsen aufzutanken. Der lebte dort seit Jahren, war ein großes Tier in der Back- und Hefebranche geworden und hatte ein eigenes Versuchslabor.

Er war auch ein großer Funktionär von einem Sportverein vor Ort. Liebe Leser, Sie merken, der Appel fällt nicht weit vom Stamm, wie wir 40 Jahre später wissen werden. So fuhren sie denn damals den ganzen Rhein runter und sahen sich Deutschland an. Eine Horrorvorstellung für Eltern von heute, wenn ihre Sprösslinge solche Urlaubsansinnen vorbringen würden!

So erzählten sie dann immer lautstark von ihren Reisen und Abenteuern quer durch Deutschland. Zum Beispiel, wenn sie sich auf der Autobahn, die sie ja beim Durchqueren der SBZ (Sowjetische Besatzungszone) – BZ und die Bildzeitung nannten die DDR bis zu ihrem Fall so, unser Held spricht zum Leidwesen vieler Ossis noch heute nur von der damaligen SBZ – benutzen mussten, Rennduelle mit den LKWs lieferten. Die Mopeds fuhren Strich 40 km/h und viele LKW-Fahrer machten sich einen Spaß daraus, genau 38 km/h zu fahren, wenn sie überholt wurden und sich über die Mopedfahrer zu amüsieren, die dann flach auf ihrem Gefährt liegend *„vorbeischossen"*. Oder wenn sie zu der damaligen *„behelfsmäßigen"* Hauptstadt der Bundesrepublik Deutschland befragt wurden: *Wie groß ist denn Bonn?* Dann kam prompt die Antwort: *„ Tief Luft holen und zwei Minuten Luft anhalten und Vollgas, dann war man durch unser „Bundesdorf" durch".*

Solche und ähnliche Erlebnisse wurden allabendlich vor dem Thalia-Kino verbreitet und da unser Held schon damals sehr ausholend und blumenreich, aber dennoch interessant erzählen konnte, waren das immer sehr lustige Abende, sehr zum Leidwesen unseres Obersachsen. Oft rief er dann die Polizei, die meist, von unserem Helden in ein Gespräch verwickelt, schnell wieder abzog.

Eines Tages erschien der Funkwagen vom zuständigen Revier 194. (Damals gab es noch Reviere und die Leute kannten „ihre" Polizisten). So lernten sie besagten Streifenführer *Polizeimeister Schneider* kennen. Klein und gedrungen, aber ein Schlitzohr und eine Seele von Mensch. Er überzeugte sie davon, den Platz zu wechseln; künftig traf man sich dann im Park vor der Post. Immer wenn in Lankwitz etwas los war hieß es *„Das waren die von der Thalia-Bande"*, aber jetzt hatten sie einen Freund bei der Polizei und der führte Buch, wer immer am Treffpunkt war und konterte jeden Ermittler mit Blick auf seine Liste: *„Meine Jungs waren im Park"*. Organisation ist eben alles.

Das hatte unser Held auch schon in der Schule gelernt. Die 4. OS Wedding war damals bekannt für neue Wege im Bildungsbereich. Sie wäre in der heutigen Weicheigesellschaft sicher eine Eliteschule gewesen. Sie bereitete ihre Schüler auf das Leben vor – herzlich, aber hart. Da hat unser Held sein enormes Selbstbewusstsein und Durchsetzungsvermögen und vielleicht auch sein Talent für die Anwerbung von Sponsoren gelernt, denn er war im letzten Schuljahr zuständig für den Weg ins Berufsleben. Er organisierte die Betriebsbesichtigungen, sprach mit Chefdirektoren und anderen Firmenverantwortlichen und seine offene und direkte Art öffnete alle Türen. Unvergesslich bleibt sicher der anlässlich der Besichtigung der Groterjahn-Brauerei durchgeführte Klassenhaarschnitt mit einer Pferdeschurmaschine.

Damals wurde das Bier noch viel mit Pferdewagen in die Kneipen gebracht. Was heute die NAVI-Geräte in den Kraftfahrzeugen, das waren damals die Pferde der Brauereien, die fanden immer den Weg in den Stall zurück, egal aus welcher Ecke Berlins, sie kamen immer wieder in ihrem Heimatstall an, egal wie besoffen die Pferdelenker waren.

Kapitel 9 – Mit den Amis im Krieg

Als unser Held aus seinen Träumen erwachte, stand er immer noch in der Gehaltsstelle. Ein Blick auf seine Hände und das verbliebene Geld sagten ihm, dass es wieder ein karger Monat werden würde. Nur raus hier, sonst würde ihm auch der Rest noch abgenommen werden. Am Nachmittag ließ man sie in Ruhe. Kleiderpflege war angesagt. Er würde nie begreifen warum man seine Kleidung säuberte, wenn es am nächsten Tag ins Gelände ging. Diesmal sogar für vier Tage, denn ein gemeinsames Manöver mit unserer Schutzmacht USA war angesagt.

Warum diese Übung im Grunewald stattfand, war schwer nachvollziehbar, denn erstens konnten US-Soldaten nur auf Autobahnen kämpfen und zweitens würde uns die SBZ überall in der Stadt angreifen, nur nicht im Grunewald. Aber egal, es brachte Abwechslung in den grauen Polizeialltag und plötzlich hörte man *Pissbacke* schreien, weil er die 1. Gruppe nicht mehr fand. Die hatte sich derart getarnt, dass sie jeden Krieg überlebt hätte. *Pissbacke* hätte sich beinah in die Hosen gemacht, als plötzlich *Gorgi* von der 1. Gruppe aus der Tarnung sprang und eine affengeile Meldung machte. Als Gruppenführer *Barni* seine 1.Gruppe für die gute Arbeit lobte, schoss *Pissbacke* wutentbrannt davon, wahrscheinlich um seine Hosen zu wechseln, ehe wieder einer schrie: *„Was stinkt denn hier wie Sau?"*

Mittags war Sammeln zum gemeinsamen Lunch mit den Amis. Essen wurde auf Tabletts serviert, darauf ein Dreigänge-Menü mit Huhn, Kartoffelbrei, Mais, Pudding und viel amerikanisches Weißbrot. Dazu gab's Coca Cola. So konnte man Kriege führen, dachten die Jung-Bullen in den ersten beiden Tagen. Am dritten Tag kam ihnen das amerikanische Weißbrot mit Huhn und Pudding zum Hals raus. Wie sagte unser Held doch immer: Organisation ist alles. Dazu kam noch ein besonderes Talent, er konnte bekannte und berühmte Stimmen toll nachahmen. Unser Held war plötzlich für einige Minuten wie von der Bildfläche verschwunden und der Spieß schwor später Stein und Bein, dass der Zugführer *Radau* ihn am Abend angerufen habe und für den nächsten Tag die Feldküche an die Front beordert hätte. Die Verbindung wäre zwar sehr schlecht gewesen, aber er hätte den Befehl nach deutscher Verpflegung klar und deutlich verstanden. Am nächsten Mittag ratterte mitten in der Übung die Feldküche *Elsi* der Berliner Bereitschaftspolizei über die HKL (Hauptkampflinie) und am Steuer die Mutter der Kompanie.

Der Geruch von 200 Litern echter Berliner Erbsensuppe und Dutzender dampfender Berliner Bockwürste zog in die Nasen der jungen Möchtegernpolizisten, und sogar echtes Kommissbrot aus der Notverpflegung lag in der Feldküche bereit. Wer so ein Mahl einmal genossen hat, wird die Massenflucht aus dem amerikanischen Küchenzelt begreifen. Im Nu waren die Kochgeschirre aus den Zelten geholt, der Krieg unterbrochen und an der Feldküche entstand eine lange Schlange mit strahlenden jungen Gesichtern. Im Hintergrund stand unser Held und war mit sich und der Welt zufrieden, als seine Jungs ihm ein Kochgeschirr dampfender Erbsensuppe mit zwei dicken Bockwürsten brachten. Auch das Stirnrunzeln auf der Denkerplatte von Zugführer Radau wich einem verschmitzten Lächeln, als er die Hintergründe dieser Aktion erahnte.

Unsere amerikanischen Freunde schauten dem Treiben um die alte *Elsi* zunächst nur verwundert zu, dann aber fassten sie ersten Mut und kosteten die deutsche Verpflegung. Die Begeisterung übertrug sich schnell auf alle Soldaten und bald saß man gemeinsam in fröhlicher Runde und genoss einen schönen Manövertag bei Erbsen, Speck und Bockwurst.

Jahre später erfuhr man, dass diese Verpflegung bei allen Eliteeinheiten der USA eingeführt worden sein soll. Denn wo gab es schon Soldaten auf dieser Welt, die gleichzeitig nach vorn und hinten schießen konnten. Unser Held bekam dann abends auch eine Cola mit Whiskey in sein Zelt geliefert. So konnte er dann ruhig in den Schlaf der letzten Manövernacht rüber dämmern und er dachte kurz vor dem Einschlafen noch, **oh Gott - wenn ich das meinen Preussen erzähle.**

Langsam ging es nun mit dem A-Zug-Jahr zu Ende. Der Rest war viel Büffeln und man ließ sie auch zum größten Teil zufrieden. Nur ein Härtetest stand ihnen noch bevor. Zum Abschluss gab es einen 35 km Gepäckmarsch durch den Grunewald mit abschließendem Schießtraining in Wannsee und Reinickendorf. Der Gepäckmarsch wurde allein durch das zur Verfügung stehende Schuhwerk schon ein Härtetest. Das Gepäck und die Bewaffnung wurden gut verteilt; unser Held wurde langsam nun auch Boss und als Gepäck trug er viel Verantwortung. Die Aktion mit der Feldküche hatte ihm viele Pluspunkte gebracht.

Die ersten Kilometer waren lustig und wurden mit viel Humor und Gesang, vor allem lautem, überbrückt. Die Unterführer mussten auch mit marschieren, das hatte Zugführer Radau zum Missfallen der Herren angeordnet. Er marschierte als gutes Beispiel voran. Als Gepäck hatten die Herren aber lediglich ihre Kartentaschen dabei, falls sie sich verlaufen sollten. Im Ernstfall hätten sie sich aber lieber auf die BVG verlassen und auf die Richtung der Sonne, die wieder einmal sengend am Himmel stand. Ab Kilometer acht liefen die Füße automatisch und von der schönen Waldlandschaft des Grunewalds nahm man nur noch den tiefen Sand der Wege wahr. Dann kamen aber ab Kilometer fünfzehn die Havelberge. Die waren zwar nicht hoch, aber die kilometerlangen Anstiege entlang der hier wunderschönen Havel hatten es in sich. Die ersten Scheintoten gab es bei Kilometer zwanzig, die kamen dann auf den Lumpensammler.

Unser Held hatte eine Zeitlang überlegt, ob er nicht einen auf krank machen sollte, denn das hätte ihm schnelle Erholung gebracht. Aber er hatte einen Anfall von Größenwahn und wollte die Grenzen seiner Leistungsfähigkeit testen. Diese Anfälle bekam er noch öfter in seinem späteren Leben, aber mit zunehmendem Alter beschränkten sich diese Anfälle dann mehr auf die geistigen denn auf die körperlichen Fähigkeiten.

Die letzten zehn Kilometer wurde das kleinste Gepäck zur Schwerstlast und die Blasenbildung nahm trotz Papier in den Schuhen (ein Tipp von alten Hasen, der lange geholfen hatte) enorm zu. Die letzten Kilometer waren der reinste Blasenlauf. Aber sie bissen die Zähne zusammen und zeigten ein gleichgültiges Gesicht. Endlich, nach 35,6 Kilometern, war das Ziel erreicht und der schönste Lohn war das verzerrte Gesicht von *Pissbacke* und seinem Freund *Kati.* Unser Held konnte sich die Bemerkung nicht verkneifen und fragte grinsend: *„Herr Gruppenführer, darf ich Ihnen ihr „Gepäck" abnehmen?"* und etwas leiser fügte er hinzu: *„Der Kampf im Puff mit den Nutten ist sicher angenehmer."*

Am Abend sah man unsere Helden in den Duschen bei intensiver Fußpflege. Mit dem Wasser aller Blasen hätte man mit Sicherheit eine Badewanne füllen können. Als sich dann unser Held im Bett streckte und seiner Erschöpfung freien Lauf gab, dachte er mit Sicherheit nur noch: **Oh Gott - wenn ich das meinen Preussen erzähle.**

Dann kam am nächsten Tag der praktische Abschluss ihrer Ausbildung zum Polizeibeamten. Schießen mit der Panzerabwehrgranate. Was das allerdings mit den Fähigkeiten eines Polizeibeamten zu tun hatte, ist ihnen bis heute ein Rätsel geblieben. Das waren anscheinend die Bedingungen des Kalten Krieges und sie waren hier in (West)-Berlin, eben an der vordersten Front der Demokratie.

Wie ernsthaft sich das auswirken kann, sollten wir nur ein Jahr später am 13. August 1961 erfahren. Doch darüber später. Zunächst brachten sie noch die Schießübungen hinter sich. Darüber gibt es nicht viel zu berichten. Das Schießen mit der Panzerabwehrgranate hat er, Gott sei's gedankt, nie wieder in seinem Leben praktizieren müssen und beim Schießen auf dem Gewehrstand war nur eine Sache erwähnenswert, weil sie *Pissbacke* betraf und ihnen allen Freude bereitete.

Eddie, ein Schlummschütze, der immer alles traf, nur nie die Zielscheiben, hatte mal wieder etliche Fahrkarten produziert, als *Pissbacke* von hinten schrie: *„Sie sind der letzte Schütze, den es gibt, Sie treffen nicht mal einen Elefanten, wenn er vor Ihnen steht!"* Eddie hatte wohl nicht richtig verstanden was *Pissbacke* da geschrien hatte und drehte sich, mit der Waffe noch immer im Anschlag, um und rief: *„ Was haben sie gesagt, Herr Gruppenführer?"* Die Reaktion war beachtlich. *Pissbacke* wurde kreidebleich und lag wie der Blitz mit der Schnauze im Dreck und schrie „Waffe weg!"

Unser Held hatte sich nicht von der Stelle gerührt, da er bemerkt hatte, dass Eddie bei seiner letzten Übung das Magazin leergefeuert hatte und das Schloss hinten blieb. Er blickte mitleidig zu *Pissbacke* runter und fragte süffisant: *„Herr Gruppenführer, haben Sie einen Schwächeanfall oder haben Sie etwas Wertvolles gefunden?"* Dröhnendes Gelächter auf dem ganzen Schießstand war die Antwort, denn die Schießlehrer hatten ebenfalls bemerkt, dass *Eddie* alles aus dem Lauf gefeuert hatte. *Eddie* hatte sich zwar total falsch verhalten und bekam auch einen gehörigen Anschiss, aber die Schadenfreude überwog und man sah es allen an – das hatten sie *Pissbacke* gegönnt. Der krabbelte mit hochrotem Kopf wieder hoch, brabbelte etwas von Nachspiel und verschwand in der Kantine.

Schallendes Gelächter auch rund 40 Jahre später an diesem tristen Novembertag in der kleinen Sportlerkneipe in Lankwitz. Keiner von ihnen kannte *Pissbacke,* aber diese Typen gab es und gibt es immer wieder in allen Kasernen der Welt in Ost wie in West und somit gönnt man diesen Typen solche Situationen.

Unser Held dachte nur: **Oh Gott - wenn ich das meinen Preussen erzähle.**

Kapitel 10 – Prüfungsstress

Am Wochenende konnten alle noch einmal in sich gehen und ab Montag gab es dann Prüfungsstress. Bei den praktischen Übungen und der Geländekunde mogelte sich unser Held mit Ausreichend durch, das war nicht sein Ding und er würde es auch nie wieder nötig haben. Dann kamen die schriftlichen Arbeiten und die mündlichen Prüfungen. Hier wurde keine Prüfung an unserem Helden vorgenommen, sondern er dozierte in Verkehrsrecht und Strafrecht.

Hier war er in seinem Element und hätte sicher noch nach Sonnenuntergang sein Fachwissen zelebriert, aber die Prüfer winkten nach einer Stunde Rechtsbelehrung erschöpft ab und so kamen einige, die schon schwitzend auf ihren Einsatz gewartet hatten, erst gar nicht mehr dran. Unser Held grinste wieder einmal verschmitzt, das hatte er doch prima hinbekommen und die Dankeslagen der Kollegen waren für den Abend gesichert – Organisation ist eben alles.

Bis auf zwei - und die hatten in der Berliner Polizei tatsächlich keinen Platz - hatten alle die Prüfung bestanden. Am Abend gab es dann eine feuchtfröhliche Sause, an der sogar die Tochter vom Spieß teilnahm. Mann, hatte die Haare auf den Zähnen! Es sollte nicht das letzte Mal sein, dass sie sich ihren Feten anschloss.

Der Spieß hatte sie noch ermahnt, der Männerüberzahl gegenüber standhaft zu sein, aber unser Held hatte bei den alten Hasen erkundet, dass der Spieß gern Rotwein trank. Wen wunderte es, dass an diesem Abend genug dieses edlen Saftes zur Verfügung stand. Zu später Stunde, als der Spieß schon in edlen Rotweinträumen lag, übernahm dann unser Held mit dickem Notizbuch die Rolle des Spießes und viele glaubten tatsächlich, der Hauptmann Schulz aus 08/15 wäre wieder auferstanden. Er krönte dann um Mitternacht seine Rolle, als er ganz

‚Schulz' auf den Flur trat und *Alaaarm* brüllte. Sogar *Pissbacke* und *Kati* kamen zum Gaudi aller im Nachthemd auf den Flur gerannt.

Nachts um zwei ging dann aber langsam alles in die Betten, genug Bettschwere hatten ja alle. Auch unser Held lag laut schnarchend in seiner Mulde. Plötzlich hörte er ein plätscherndes Geräusch. Nach unendlichen Sekunden bekam er sich endlich wach, sprang wie eine Granate aus seinem Bett und riss den Lichtschalter um. Als blendende Helle das Zimmer erleuchtete, bestrahlte sie auch eine groteske Szene. Unterführer *Kati* stand im Nachthemd am Schrank unseres Helden und pinkelte stocknüchtern und glückselig gegen dessen Schranktür. Wie sich später herausstellte, hatte er im Tiefschlaf einen unbändigen Drang verspürt und war im Halbschlaf aus seinem Zimmer getapst. Er hatte nur die Richtung verwechselt. Statt rechts zur Toilette zu gehen, torkelte er nach links und da erwischte er halt die Stubentür der 1. Gruppe. Am Schrank unseres Helden fühlte er sich wohl.

Als nun das Licht erstrahlte und acht Augenpaare ihn entgeistert ansahen, wurde er sofort hellwach und sein Gesicht färbte sich wie ein überreifer Käse. Unser Held hatte nach dem ersten Schock die Situation sofort erfasst und sagte mit süffisanter Stimme: „*Herr Gruppenführer, das kann ja mal passieren und im Übrigen, der Scheuerlappen und ein Eimer sind vorn rechts im Putzschrank.*" Unterführer Kati beeilte sich, seinen Ausfluss zu beseitigen und verschwand wortlos aus dem Zimmer. Unser Held bedeutete alle Kameraden zur Ruhe und gab nur das Kommando *Licht aus und Ruhe im Schiff.* Krachend flog auch unser Held wieder in sein Bett und dachte nur noch vor dem Einschlafen: **Oh Gott - wenn ich das meinen Preussen erzähle.**

Am nächsten Morgen, als die Putzkolonne die Flure reinigte, wurde sie von Unterführer Kati angewiesen, den Fußboden der Stube der 1. Gruppe mal mit zu reinigen, da wäre wohl Waffenöl ausgelaufen. Na ja, wenn man an die Kanone denkt!

Die Feiern wurden aber noch einige Tage, wenn auch an anderen Orten, weitergeführt. *Marianne*, die Tochter vom Spieß, soll mit einigen aus dem A-Zug so richtig um die Häuser gezogen sein. Auch unser Held feierte noch ein wenig nach, er aber mit einigen Gruppenkollegen nach dem Handballtraining im Preussen-Casino. Es war ein richtig lustiger Abend und man hatte schnell die Zeit vergessen. Sie waren zwar kein A-Zug mehr, aber um 01.00 Uhr war dennoch Zapfenstreich und jeder Marsch durch die Unterkunftswache nach dieser Zeitenwende, und dann vielleicht noch alkoholisiert, hatte unmissverständlich eine Meldung zur Folge. Die wollte keiner so kurz nach der Prüfung kassieren.

Als man im Preussen-Casino aufbrach, hatte die Kirchturmuhr in Lankwitz bereits die erste Stunde des neuen Tages verkündet. Also zogen sie eiligst durch den Gemeindepark und überlegten nach Möglichkeiten. Schlitzohr *Berti* erklärte, den kürzesten Weg durch den Gemeindepark in stockdunkler Nacht zu kennen. Als plötzlich einige Stockenten wütend in die Luft flogen und es vor ihnen plätscherte, war ichnen klar, dass *Bertis* Orientierungssinn wohl etwas unter dem Alkohol gelitten hatte.

Als sie ihn dann wieder aus dem Dorfteich gezogen hatten, fanden sie im Lichte des Vollmondes, der gerade hinter einigen Wolken hervor lugte und sich wohl köstlich über *Bertis* Fehltritt amüsierte, dann doch sicher den Weg bis zur Kasernenmauer. Was nun? *Berti* meinte, er kenne eine Stelle neben dem Krankenrevier, da könne man leicht über die Mauer, ohne bemerkt zu werden. Die Idee war gar nicht so schlecht, dann könnte man gleich den Sanitäter holen, wenn etwas schief ging.

Gesagt getan. *Moritz* ging als erster und dann folgte *Berti*. Unser Held hatte es etwas schwieriger, musste er doch fast 100 Kilo hochwuchten. Auf der Mauerkrone angekommen, hörte er von unten ein Stöhnen. Auf seine Frage, was denn los sei, hörte er Moritz leise zischeln, dass alles OK wäre, er habe *Berti* nur zweimal auftippen lassen, bevor er ihn gefangen habe, weil der so nass war. Alles andere war jetzt ein Kinderspiel, denn in der Wache der Bereitschaft würde sicher ein alter Hase sitzen, der für sie Verständnis aufbringen würde. Aber was keiner wusste, Gruppenführer *Kati* hatte Nachtdienst und staunte nicht schlecht, als er die drei Nachtschwärmer erblickte. Im ersten Augenblick herrschte Totenstille und dann sagte Unterführer *Kati*: *„Meine Herren, kann ja alles mal passieren, aber morgen früh sind die Sachen alle sauber."*

Blitzschnell verschwanden unsere Helden auf die Stuben. Doch bevor sie sich voneinander verabschiedeten, sagte *Moritz*: *„Jetzt verstehe ich Diene Reaktion auf die Pinkeleinlage"* und *Berti* meinte nur noch: **Oh Gott - wenn wir das Deinen Preussen erzählen!**

Die nächste große Herausforderung war nun der Erwerb des Führerscheins der Klasse 2 (damals der für alle großen LKW). Hier wurde nur ein kleiner erlesener Kreis zugelassen. Unser Held war dabei, obwohl er gestehen musste, dass er so lange nicht gewartet hatte. Seine ersten LKW-Erfahrungen hatte er bereits mit 13 Jahren gemacht. Der Freund seines Vaters in Werne/Lippe war Kohlenhändler und nahm ihn in seinem LKW immer mit zur Zeche, wenn er Kohlen holte und wenn er dann in den Ferien bei seinem Vater weilte. Auf dem Zechen-Gelände sah er immer zwei Jungs in seinem Alter, das waren die Söhne von anderen Händlern, die durften ihre LKW, die in Schlangen vor der Beladung warteten, immer selber aufrücken. Er bat also Herrn Schulz, das ebenfalls tun zu dürfen, denn er konnte mit seinen fast 1,80 m sicher über das Lenkrad schauen und er kam auch schon mit den Füßen an die Pedale.

Herr Schulz zeigte ihm die nötigen Handgriffe und fortan war er begeisterter LKW-Fahrer und durfte später, da seine Mutter bei Schering arbeitete und ihr Freund den Fahrdienst leitete, immer in den Ferien mit irgendwelchen Schering-Lastern quer durch Deutschland fahren. Zu dieser Zeit war dann sein unbedingter Traumberuf, Fernfahrer zu werden. Das hat sich aber dann irgendwann gelegt.

Die Liebe zum Auto blieb ihm erhalten und der vage Verdacht, er könnte bei der Polizei einmal einen Führerschein machen, hatte damals nicht mal den kleinsten Anschein von Realität. So hatte er sich dann im Sommer 1959, die ersten fünf Monate Polizei hatte er gerade hinter sich, in einer kleinen Lankwitzer Fahrschule bei Fahrlehrer *Otto Berg* dann zum Pkw- Führerschein angemeldet. Herr Berg, sein Fahrlehrer, dem auch die Fahrschule gehörte, war eine Seele von Mensch und sehr darauf bedacht, dass er auch alles richtig machte. Zwei Monate, nachdem er dann seinen Führerschein hatte, gab Herr Berg seine Fahrschule auf und ging in Pension. Wer lacht da, das hatte er ohnehin vorgehabt.

Nach vier Fahrstunden, die kostete damals noch 13,-- DM für 55 Minuten, erklärte er seinem Fahrlehrer, er solle ihn nun zur Prüfung anmelden. Herr Berg stand kurz vor einem Herzinfarkt, aber als er ihm unterschrieb, dass er auf eigene Verantwortung in die Prüfung gehen würde, gab er schließlich nach und willigte ein. Die Theorie war einfach. Mit ihm war so ein Manta-Typ im Prüfraum, der einen Moped- Führerschein machen wollte und der war so doof, eben ein Manta-Typ, dass es ihm leicht fiel, all die falschen Antworten dieses Typs sofort richtig zu beantworten. Als er mit dem Prüfer und Fahrlehrer rausging zur Praxis, hörte er hinter sich seinen Fahrlehrer Otto Berg sichtlich erleichtert aufatmen. Nach zehnminütiger Fahrt und einem einwandfreien rückwärts Einparken bat ihn der Prüfer, rechts ran zu fahren und sagte nur *Gratulation*. Fahrlehrer Otto wischte sich erleichtert den Schweiß von der Stirn, wand sich aus seinem Käfer und fiel ihm überglücklich um den Hals, denn er hatte bei allem Können auch Glück gehabt. An einer Kreuzung wollte er anfahren und hatte statt des ersten versehentlich den vierten Gang eingelegt. Er bemerkte diese fatale Situation sofort und als der Prüfer bemerkte, er sollte es doch mal mit dem ersten Gang probieren, hatte er dies schon korrigiert und die Kreuzung zügig verlassen.

Kapitel 11 – Die Schleife durch die Republik

Die Pappe bekam er auch gleich ausgehändigt und fuhr nach Lankwitz in eine kleine Kneipe. Ja, und hier saßen seine neuen Kollegen *Frantek* und *Ruppi,* die mit ihm in den wohlverdienten Urlaub fahren wollten. Ein Auto hatten sie schon gemietet und *Frantek* hatte auch schon seit 14 Tagen einen Führerschein, aber allein traute er sich die Tour nicht zu, die uns einmal rund durch Deutschland bringen sollte.

So strahlten dann vier Augen unseren Helden erwartungsvoll an. *Los - was dachtet denn ihr, eine meiner leichtesten Übungen* klang es selbstbewusst aus seinem Mund. *Sachen packen,* ließ er verlauten und die zwei sprangen froh auf und zwei Stunden später waren sie mit einem Käfer auf großer Fahrt. Zügig ging es nach Bayern, wo sie am Eibsee noch drei Kollegen treffen wollten. Kurz hinter Nürnberg gab es dann Fahrerwechsel und Klein-Schumi, das hieß damals noch Klein-Fangio, legte sich ins Zeug. Als wir unterwegs tanken mussten und der Tankwart zur Batteriekontrolle sagte *„Fahren Sie mal rückwärts in die Halle“,* dachte er, kein Problem und fuhr los. Nur dass die Einfahrtwarnleuchte zur Tankstelle dabei ihren Geist aufgeben musste, da er sie beim Rückwärtsfahren einfach übersehen hatte. Mit 25,-- DM war der Tankwart wieder ruhig gestellt und weiter ging's in Richtung Eibsee.

Als sie dort ankamen, wurden sie schon begeistert vom Balkon begrüßt. Sie stiegen aus ihrem Käfer und wollten zu ihren Freunden eilen. Da hörten sie hinter sich ein Knirschen an der Grundstücksmauer. Unser Held hatte übersehen, dass die Straße leicht abschüssig war und vergessen, die Handbremse anzuziehen. So machte der Käfer sich selbstständig und knutschte die Toreinfahrt zur Begrüßung. Jetzt hatte er die Nase voll und so wurde am Abend der neue Führerschein erst mal in Sekt getaucht und eingeweiht.

Am anderen Morgen trafen sie sich alle am Eibsee, einem der kältesten Seen Deutschlands. Au, war das kalt, da zog sich alles zusammen und wurde ganz klein. Um ihre gemarterten Köpfe im kühlen Nass wieder zu regenerieren, wurde erst einmal tief eingetaucht. *„Könnten Sie mir mal den Rücken einreiben"*, hörte unser Held plötzliche eine anmutige Stimme. Er schaute auf und glaubte zu träumen. War das die *„Seejungfrau vom Eibsee"?* Aber nein, es war eine Filmschönheit von der DEFA aus Ostberlin. Sie hatte ihr Auto gesehen und suchte das Gespräch mit Berlinern. Vier Tage stand unser Held wie unter Morphium, dann nahte aber leider der Abschied. Schade, er hat sie nie wieder gesehen.

Kurz vor der Rückfahrt, die sie den Rhein entlang von Schaffhausen bis Köln führen sollte, besuchten sie noch eine herrliche Klamm. Auf einer Bank ruhten sie sich aus und lasen die tollen Sprüche, die da eingeschnitzt waren. Da stand unter anderem, drei junge Damen – 17,19 und 21 - würden sich freuen, wenn Leser dieser Zeilen, möglichst junge Männer, sich bei ihnen in Worms melden würden.

Schnell erkannten sie, dass Worms am Rhein liegt und sie auf der Rückfahrt dort vorbeikommen würden. Sie sahen schon ein tolles Abenteuer vor sich, und schnell war die Postkarte nach Worms in den Briefkasten geworfen. Hallo Mädels, euch wird geholfen! Drei überaus fesche junge Berliner sind auf dem Weg zu Euch.

Unser Held musste fahren, weil Frantek viel zu aufgeregt war und völlig verzweifelt überlegte, wie sie die Mädels aufteilen könnten und was man wohl in Worms alles unternehmen könnte. Sie ahnten zu diesem Zeitpunkt noch nicht, was für Aufregung sie in Worms auslösten.

Nach drei Tagen trafen sie in Worms ein. Die Straße war schnell gefunden und an der Haustür stand auch der richtige Name. *Frantek, du kannst die Klingel wieder loslassen, du hast jetzt bestimmt das ganze Haus in Rebellion versetzt*, bemerkte Ruppi süffisant. Die Haustür öffnete sich und in der Tür stand eine gut aussehende Frau, die aber auch bei vorsichtiger Schätzung bestimmt schon Mitte bis Ende dreißig war.

Das sollte aber beileibe nicht die einzige Überraschung dieses Nachmittags sein. Unsere Möchtegern-Abenteurer wurden in die gute Stube eines gutbürgerlichen Hauses gebeten. Dann betrat ein für sie älterer, etwa 40-jähriger und würdevoll aussehender Herr die Wohnstube und hieß sie hier in Worms am Rhein willkommen. Er war der Postoberamtsrat von Worms, so etwas Ähnliches hatten sie bei dessen Aussehen auch erwartet.

Dann wurden ihnen drei Grazien vorgestellt, *Melanie,* die Große, und *Karin und Babsi.* Sie waren von graziler Gestalt und durchaus als hübsch zu bezeichnen, aber sie hatten zwei entscheidende Fehler. An der Stelle, auf die Frantek die ganze Zeit hingestarrt hatte, waren nicht wohlgeformte Hügel wahrzunehmen, sondern diese Brustlandschaft war eben wie ein Brett und was eigentlich entscheidend war, sie waren nicht 17, 19 und 21 Jahre alt, sondern 8, 10 und 12. Das war im ersten Augenblick schon recht ernüchternd für unsere Helden. Bei Kaffee und Kuchen und netten Gesprächen schwollen ihre sexuellen Kämme wieder ab und es wurden noch lustige Gespräche über drei Mädchen, die im Urlaub von der großen Welt und von drei Nibelungenprinzen geträumt hatten.

Am nächsten Morgen wurde ihnen dann nach dem Frühstück noch das Postamt von Worms gezeigt, obwohl sie eigentlich etwas ganz anderes erwartet hatten. Dann ging es heim in Richtung Berlin und der Käfer transportierte drei Helden mit unerfüllten Wünschen nach Berlin zurück.

Ein kleines Erlebnis trug noch zur Belustigung bei als Ruppi rief: *„Seht doch einmal, das war eben unser Hauptstadtdorf Bonn"* Landschaftlich in einer Bodenfalte lag das Dorf, wo man große Weltpolitik gestalten wollte. Nicht größer als vom S- Bahnhof Lankwitz bis zur Kaserne. Die armen Bonner, wenn die eines Tages nach Berlin kommen müssen, das sollte allerdings noch über drei Jahrzehnte dauern, würden sie sicher viele Blindenhunde brauchen, damit die braven Leute vom Lande im Lankwitzer Gemeindepark und in unserer Einkaufsmeile rund um die Lankwitzer Dreifaltigkeitskirche nicht verloren gehen. Und wenn sie heute den Rhein schwimmend überqueren, werden sie sicher Atemgeräte benötigen, wenn es über die Havel geht.

Die letzte Station war dann noch so eine Riesenstadt, nämlich Werne an der Lippe. Aber hier residierte Fürst Albert Plötz Senior und sie konnten noch einmal ihre mager gewordene Urlaubskasse und ihren kleinen Käfer auftanken, bevor es dann über die A 2 auf direktem Wege wieder nach Berlin ging. Die hundert Kilometer durch das *„gepriesene Land der SBZ"* durchquerten sie nach Entrichtung des Wegezolls und der Feststellung der Arbeiter- und Bauernpolizei, dass sie keine Flüchtlingshorden an Bord hatten, schnell und schweigsam, erinnerte sie doch der Tatbestand der Existenz der „SBZ" wieder sehr schnell an ihren Job. Schon zwei Tage später waren *Pissbacke* und Genossen schon wieder ihr Alltag. **Die Weiberblamage wollte unser Held seinen Preussen lieber nicht erzählen.**

2000 Kilometer und drei Wochen in einem runden Stück Blech, in dem man nicht niesen durfte, ohne das die Blechkiste Gefahr lief, aus der Spur zu geraten, angetrieben von einem 23 PS starken Küchenwecker, für den die Kasseler Berge schon eine Hochgebirgsstrecke waren, wurden die Grundsteine für die ersten Altersbeschwerden. Das reichte für die Erfahrungen des Autofahrens aus der Gründerzeit und der Wunsch nach einem eigenen fahrbaren Untersatz mit Power drang unabweisbar in unseres Helden Gehirnwindungen ein. So stand er dann wenige Wochen nach seinem *„läuft und läuft und läuft "*- Erlebnis, denn er wollte endlich fahren und seine Ziele in angemessener Zeit erreichen, vor der 2. Bereitschaft: ein Opel Olympia Baujahr 52 mit gewaltigen 45 PS und 1500 ccm.

Das erste Auto: Opel Olympia, Baujahr 1952 (Foto: privat)

Das war zwar kein Renault mit 210 PS und 3,0 l Hubraum, mit dem er sich 45 Jahre später über die Pisten bewegte, aber jeder fängt ja mal klein an. So war dann das erste Auto, das auf dem Antreteplatz vor der 2.Bereitschaft parken durfte, der Opel Olympia eines Frischlings (so wurden damals die jungen Wachtmeister genannt). Gewundert hat er sich dann schon, dass der Torposten ihn stramm grüßte, als er das erste Mal durch das Kasernentor auf das Gelände fuhr. Dabei hatte er nur übersehen, dass der Bereitschaftsführer *Conni Döpke* auf seinem Fahrrad hinter ihm her radelte und das gleiche tat.

Kapitel 12 – Mit eigenem Auto zu Natascha

Als hätte er es geahnt, dass er in wenigen Monaten in seiner Bewegungsfreiheit erheblich eingeschränkt werden würde, weil uns die Weltgeschichte ungewollt auf eine harte Probe stellte und wenige Zeit, bevor ein ekelerregender Sachse namens *Walter Ulbricht* (seines Zeichens Staatsratsvorsitzender der „DDR") der Welt verkünden würde:

„Niemand hat die Absicht, eine Mauer zu bauen", taten sich die neuen Freunde noch einmal zu einer Reisegruppe zusammen und wollten sich ein Stück von Europa ansehen. Jugoslawien und die Adria waren das auserkorene Ziel.

Das war schon ein anderes Autogefühl. Los ging es über Berlin und München, über Salzburg zum damals noch gefürchteten Loibl Pass, ein Sandpass mit Totenköpfen am Wegesrand, heute eine normale gut ausgebaute Passstraße, vorbei an Europas größten Tropfsteinhöhlen in Ljubljana, direkt nach Rijeka an die Adriaküste. Unser Held ahnte damals noch nicht, dass ihn dort Amors Pfeile schwer verletzen würden und er diese Strecke noch viele Male, der Liebe wegen fahren würde. Kurz hinter Rijeka in Kralevica entdeckten sie am steinigen Felsenstrand eine herrliche kleine einsame Badebucht.

Da gewahrte unser Held schon am zweiten Tag, am Ende der Betonmole, den Traum künftiger schlafloser Nächte. Mitten im Meer lag sie in der strahlenden Sonne wie die Göttin der Adria, *Natascha,* ein Name, der ihn einige Jahre begleiten würde. Sie war eine kleine Bankangestellte aus Zagreb. Viel reden konnten sie nicht, denn sie sprach nur ein paar Brocken Deutsch und er kein Wort Kroatisch, aber sie wollten ja auch nicht so viel reden, denn da gab es bessere Dinge zu tun.

Wir wollten uns aber um die Reiselust unseres Helden kümmern. Es war die Zeit, als noch viele Totenköpfe die Sandstraße nach Jugoslawien über den Loibl Pass zierten. Das konnte unseren Helden aber nicht abhalten, den Stress auf sich zu nehmen und wie wir wissen, war Natascha ein tolles Antriebsmittel für diese Fahrten. Bis zu dreimal zog es ihn so im Monat von Berlin über München, Salzburg, Maribor nach Zagreb. Finanzieren ließ er sich diese Fahrten von der Berliner Mitfahrerzentrale, die immer bis München oder Salzburg für Fahrgäste sorgte.

Sein Angebot an die Mitfahrer hatte sich auch verbessert. Ein Opel Olympia Rekord nannte er nun sein eigen und in Zagreb kannte er sich bald genauso gut aus wie in Berlin. Tagsüber kümmerte sich Nataschas weißblonder Bruder *Eric* um den deutschen Freund seiner Schwester, abends machte sie es dann selbst recht intensiv. So ging das dann fast zwei Jahre und am Ende waren dann schon die Koffer gepackt und die Visa für Deutschland beantragt. Leider ging dann plötzlich alles zu Ende, da die Mutter von *Natascha* schwer krank wurde und Natascha ihre Familie nicht allein lassen wollte.

1961 gab es dann noch ein letztes Wiedersehen, als er noch einmal einen Urlaub in Athen nutzte, um in Zagreb einen Zwischenstopp einzulegen und mit viel Mut, aber mit neuem Auto – Opel Rekord – den bis dahin weitesten Urlaubsweg anzutreten. Über die Europastraße 10, einen Kiesweg mitten durch das Karst-Gebirge Jugoslawiens, ging es bis zum südlichsten Punkt von Griechenland nach Cap Sounion. Alle vier Wochen bei Neumond bot sich hier ein traumhaftes Bild.

Der aufgehende Mond und die untergehende Sonne auf gleicher Höhe am Abendhimmel teilten die Ägäis in eine goldene und eine schwarze Hälfte. Allein das Betrachten dieses Naturschauspiels war diese lange Reise wert. Dazu der Kanal von Korinth und drei Wochen strahlende Sonne vom griechischen Himmel, dazu gab es gebratenen Tintenfisch (lecker). Die Athener Holz-U-Bahn, ein toller Bummel durch die griechische Metropole und das Besteigen der damals noch als Trümmerfeld darniederliegenden Akropolis ließen einen Hauch tausendjähriger Geschichte verspüren.

Noch eine Anekdote ließ diesen Urlaub in die Annalen der Erinnerung eintauchen. Just zur gleichen Zeit verbrachte der Filmregisseur des bayerischen Fernsehens – *Erik Weymeersch* – mit seiner Ehefrau *Ingeborg Hallstein* seinen Urlaub bei den Hellenen und nutzte die Zeit, um einen Kulturfilm über den berühmten Hund eines griechischen Feldherrn – *Perikles* – zu drehen. Gemeinsam bevölkerten sie einen idyllischen Campingplatz am Rande von Athen. So wurde unser Held Augenzeuge der Entstehung eines Stücks Filmgeschichte der Antike.

Das sollte aber nicht alles sein. Unfreiwillig konnte unser Held ein weiteres Stück seiner Talente präsentieren, das ihm viele Jahre später die Möglichkeit bot, gemeinsam mit der bekannten Filmschauspielerin *Iris Berben* und seinem Sohn *Sven*, der zu diesem Zeitpunkt 1961 überhaupt noch nicht geboren war, gemeinsam in einem heißen Krimi (*Kommissarin Roth*) vor der Kamera zu stehen.

Selbst *Iris Berben* war zu dieser Zeit noch ein kleines Mädchen. An einem Tag, als die strahlende Sonne über dem Campingplatz stand, stromerte Herr *Weymeersch* durch die Gegend und suchte Momentaufnahmen für seinen Film. Unser Held lag Erholung suchend auf seiner Luftmatratze, hatte sich als Sonnenschutz ein Buch über die Augen gelegt und war darüber eingeschlafen. Das Buch trug den beziehungsreichen Titel *Casanova*. Der *Perikles* des Jahres 1961 stöberte mit seinem Herrchen durch Gegend und gewahrte unseren Helden, der ihm vom gemeinsamen Campingaufenthalt bekannt war. Herr *Weymeersch* und sein *Perikles* konnten nicht fassen, wie man unter dem Deckel von Casanova einschlafen konnte und im Nu war die Kamera gezückt.

Monate später sollte diese Szene noch ein Nachspiel haben. Einmal vor einer Meute Polizisten auf dem EKDO (EinsatzKommanDO) Steglitz, die sich diese Szene genussvoll im Deutschen Fernsehen einzogen und mit den nötigen Kommentaren bedachten. Eine Postkarte hatte das Berliner Polizeipräsidium erreicht mit der Aufschrift „*An den Berliner Polizisten Manfred Plötz. Versuchen Sie bitte, Herrn Plötz zu finden.*" Auf der Rückseite standen der Sendetermin des Films „*Perikles, die Geschichte eines Hundes*", und eine Einladung. Das hatte dann zu dem mit vielen Polizisten gefüllten Lehrraum auf dem EKDO Steglitz geführt.

Zweitens führte dann die Einladung ins Festzelt des Schützenvereins des bayrischen Heimatstädtchens von Herrn Weymeersch, nach Murnau am Staffelsee. Am ersten Abend war man zu Besuch im Hause Weymeerschs in fröhlicher Runde, in deren Verlauf unser Held einige Kostproben seines Talents preisgab, andere Persönlichkeiten zu imitieren. Die fröhliche Runde war begeistert.

Am nächsten Abend war unser Held zum Schützenfest ins Festzelt eingeladen. Er war schon eingetroffen und saß unter den rund 1000 Zuschauern, als er sah, wie Herr Weymeersch mit seiner Frau eintraf und am Eingang mit dem Bürgermeister ein Gespräch führte. Einige Zeit später, die Stimmung war schon sehr gut, ging Herr Weymeersch auf die Bühne, griff sich das Mikrofon und erklärte der lauschenden Menge, dass der Regierende Bürgermeister von Berlin – *Willy Brandt* – auf seinem Flug zu einem Gastbesuch nach Österreich in eine Notlage geraten und auf dem Murnauer Sportflughafen notgelandet sei und nun gerne an dieser Feier teilnehmen und ein paar Grußworte an die Gäste richten wolle. (Damals war das Flugzeug von Willy Brandt tatsächlich auf einem solchen Flug in eine kurzfristige Notlage geraten). Tosende Begeisterung brandete im Saal auf und dann trat, der geneigte Leser wird ahnen wer, unser Regierender Bürgermeister auf die Bühne und hielt eine flammende Rede.

Anschließend intonierte die große Blaskapelle *„Das ist die Berliner Luft"* und unser Held durfte dirigieren. Das Festzelt tobte. Für unseren Helden gab es den ganzen Abend Freibier und jeder wollte mit dem Regierenden Bürgermeister von Berlin anstoßen. Als er am nächsten Morgen seinen brummenden Schädel durch die frische Landluft der Kleinstadt trug, wurde er von allen Seiten gegrüßt *„Guten Morgen, Herr Bürgermeister"*.

Jeder Urlaub nimmt ein jähes Ende und so musste auch unser Held mit seinem BePo-Passmann seinen Wagen wieder aus Athen gen Berlin lenken. Auf der Rückkehr wollte man die Fahrt über Titovillage, Skopje und Belgrad durch die Mondlandschaft des jugoslawischen Karstgebirges fahren. Mit viel Glück ist ihnen das auch gelungen und sie werden zu den wohl wenigen Zeitzeugen gehören, die diese wilde Mondlandschaft in diesem Zustand noch zu Gesicht bekommen haben.

Nur wenige Tage später grollte die Erde und ein gewaltiges Erdbeben erfasste das Karstgebirge. So ging es dann im letzten Moment der Schließbewegung bis nach Zagreb, um noch einen herzlichen Abschied von Natascha zu nehmen. Das erklärt vielleicht den Casanova auf den Augen.

In Deutschland und Berlin zogen derweil düstere Wolken am politischen Himmel empor, die dem Kalten Krieg in den nächsten 28 Jahren ihren Stempel aufdrücken sollten. *„Niemand hat die Absicht, eine Mauer zu bauen"*, verkündete das sächsische Ungeheuer noch wenige Tage zuvor in der Öffentlichkeit, bevor der Statthalter der Sowjets – *Walter Ulbricht* – seinen Worten ganz andere Taten folgen ließ.

Kapitel 13 – Die Welt hält den Atem an

An einem Sonntag im August 1961 - die Geschichtsschreiber werden später vom schwarzen 13. berichten, über dem die dunklen Wolken eines Krieges aufzogen und man in Deutschland den politischem Atem anhielt - gingen die Taten *Walter Ulbrichts* in die Geschichtsbücher ein. Unser Held war im Lankwitzer Preussen-Stadion mit seinen Handballern unterwegs und schoss Tore für den Sieg seiner Mannschaft.

Sachsen-Walters Schergen waren an diesem Tag ebenfalls unterwegs. Ihr Sinn war auch nach Schießen ausgerichtet, nur dass sie notfalls nicht Tore, sondern auch die eigenen Landsleute im Visier hatten. Sonntag – 13. August 1961, das Museum kommunistischer Geschichte des *„Arbeiter- und Bauernstaates"* der SBZ machte dicht und schloss seine Pforten. Ulbricht und seine roten Schleimbeutel wollten die Bundesrepublik Deutschland und West-Berlin von der Landkarte ausradieren.

Es sollte 28 Jahre, bis zum 9. November 1989 dauern, bis dieser Schuss gewaltig nach hinten losging. Unser Held sollte an beiden historischen Daten aktiv beteiligt sein, als Polizeibeamter und als Preussen-Handballer.

Zunächst begann es damit, dass ein Kollege unseres Helden am Spielfeldrand erschien und lauthals verkündete: *„Manne, nimm Dir was zu essen mit, wenn Du um 13.00 Uhr in die Kaserne zum Dienst gehst, denn die Volksarmee und die Vopos der SBZ haben die Grenzen dicht gemacht und bei uns herrscht große Alarmstufe."* Er selbst hatte noch Glück, da er bereits auf dem Revier tätig war und deshalb von der Alarmstufe noch nicht betroffen war.

So zog dann unser Held, vollgepackt mit vom Preussen-Wirt eingepackter Verpflegung in Richtung Kaserne in sein erstes großes Polizeiabenteuer. Noch schnell bei Muttern in Lankwitz Bescheid gegeben und dann ging es vom Sieg auf dem Rasen des Handballs zum hoffentlich nächsten Sieg gegen die Roten; das sollte ein Stellungskrieg über viele Jahre werden.

Für die nächsten sechs Monate lernte unser Held seine Stadt Berlin aus einer ganz anderen Perspektive kennen, nämlich aus einer Tiefe von sechs bis zehn Metern unter der Erdoberfläche. *Sachsen-Walter* wollte sehr gründlich die Schotten dicht machen, und während die Stadt akribisch geteilt wurde, nahmen die Oberen der SBZ einen Radiergummi und entfernten auf allen Land- und Stadtkarten West-Berlin und die Bundesrepublik. Eins aber schafften die roten Bonzen in den nächsten fast 30 Jahren nicht, was auch keinem anderen je gelang oder je gelingen sollte, nämlich die *Berliner Schnauze* zu eliminieren.

Mit der gleichen deutschen Gründlichkeit ging auch die Westberliner Polizei zu Werke und baute Turm um Turm über der Erde. Und auch unter der Erde in U-Bahn- und S-Bahn-Tunnelröhren wurden Posten installiert. Die Krönung war dann das Anbringen von weißen Linien über die Gleise hinweg, um den Grenzverlauf zu markieren. Das war absolute deutsche Gründlichkeit in höchster Vollendung. So gab es dann bald eine Grenze der Kuriositäten quer durch Deutschland. Dörfer und Kleinstädte wurden zerschnitten, Flüsse halbiert und die Harzer Straße in Neukölln wurde Synonym für viele Straßen und Plätze in Berlin. Eine Straßenseite und die Fahrbahn waren Westberlin, und die andere Häuserflucht entsprechend dann Ostberlin.

So zog nun unser Held in den Berliner Untergrund, mehr neugierig als ängstlich. Da auf der anderen Seite der weißen Linie in erster Linie auch Vopos und Soldaten aus Berlin standen, wurde die Gefahr eines 3. Weltkrieges schnell gebannt. Kalten Krieg gab es nur oben, wo mal wieder geistig minderbemittelte Politiker beider Seiten zeigten, dass die größte Gefahr für die gesamte Menschheit von Ihnen ausging, während aus der Tiefe ein dumpfes „*18, 20, passe*" hervordrang. Während rechts und links die U-Bahn wie ein Geisterzug vorbeirauschte und hinter den verstaubten Scheiben ausdruckslose Gesichter in die Leere starrten, ging es zwischen den Gleisen im dortigen Leergleisbett um Westzigaretten und Coca Cola und um die Ehre, der besten Skatspieler zu sein. Die Gewehre, scharf und drohend, standen derweil friedlich mit- und nebeneinander. Cola und Westzigaretten waren für die Vopos, im Tausch gegen Informationen. *Anna 1* und *Anna 2* am U-Bahnhof Kochstraße und U-Bahnhof Heinrich-Heine-Straße waren die jeweiligen Endbahnhöfe, an denen die Züge jeweils das letzte Mal im Westen hielten, dann ohne Halt durch den Osten rauschten, um am anderen Ende wieder im Westen weiterzufahren. Die Ostberliner Bahnhöfe waren abgedunkelt, und durch fast blinde Scheiben sah man bedrückte Gesichter in die Dunkelheit blicken und geisterhafte uniformierte Gestalten über leere U-Bahnhöfe wandeln.

So wachte dann unser Held über die Sicherheit Berlins. Zwölf Stunden über und zwölf Stunden unter der Erde. Wenn er dann nach langer Schicht müde in sein Bett fiel, hörte er noch immer den Lautsprecher

vom U-Bahnhof Moritzplatz und es dröhnte die halbe Nacht in seinem
Ohr: *„Moritzplatz - letzter Bahnhof im Westsektor".*

Dienst an der Mauer (Foto: privat)

Aber die ersten Krisen kamen schneller, als man glauben wollte. Berlin
wurde ein Pulverfass und unsere Polizisten saßen am Schmelztiegel
deutscher Geschichte. Immer mehr Bürger der „DDR" wollten ihr sow-
jetisches Gefängnis verlassen und entwickelten dabei die genialsten
Ideen. Über der Berliner Erde wurden die Fluchtversuche immer aben-
teuerlicher und unter der Berliner Erde gab es regen Grenzverkehr. Da
wurde Tunnel um Tunnel gebaut und der Untergrund wurde zu einem

großen Bergwerk. Es gab richtige Tunnel-Grab-Brigaden. In der Bernauer Straße am Gesundbrunnen kletterten die Ostberliner auf die Dächer der direkt an der Grenze verlaufenden Häuser. Westberliner, die das beobachteten, alarmierten die Westberliner Feuerwehr und die spannte dann Sprungtücher auf. Die Ostberliner sprangen dann, teilweise aus dem dritten und dem fünften Stock, unter Einsatz ihres Lebens in die Freiheit. In vielen Fällen standen dann Westberliner Polizisten mit durchgeladenen Waffen vor dem Grenzstreifen und sicherten die Fluchten ab.

Die Polizisten waren bereit, diese Waffen auch einzusetzen gegen die Grenztruppen der „DDR", aber sie hatten strengste Anweisung, nur dann von der Waffe Gebrauch zu machen, wenn die Grenztruppen bei der Fluchtverhinderung auch auf Westberliner Gebiet schossen. So kam es immer wieder zu brenzligen Situationen. An zwei spektakulären Situationen war unser Held dann auch selbst beteiligt.

1962 ging der Name des Ostberliner Bauarbeiters *Peter Fechter* mit menschenverachtenden Fotos um die Welt. *Peter Fechter* wollte in der Nähe des Check Point Charly (Grenzübergang für Ausländer) über die Mauer in den Westen flüchten. Plötzlich peitschten Schüsse durch die Nacht. *Peter Fechter* rannte auf die Mauer zu, brach von etlichen Kugeln getroffen unmittelbar an der Mauer auf der Ostseite schwer verletzt zusammen. Die Vopos (Volkspolizei) trauten sich nicht, den Verletzten zu bergen, da sie befürchten mussten, von ihren eigenen Leuten unter Feuer genommen zu werden, da diese annehmen könnten, dass sie selbst flüchten wollten. Kein irriger Gedanke, da in letzter Zeit auch viele Soldaten die Flucht ergriffen hatten.

So durften sie nur noch zu zweit hintereinander auf Patrouille gehen. Es war beileibe nicht selten, wenn man ihnen begegnete, dass der zweite freundlich mit dem Kopf nickte und der davor laufende finster dreinblickte und den „*Klassenfeind*" keines Blickes würdigte. Wenn sie dann zurück kamen, war die Rollenverteilung genau umgekehrt.

Peter Fechter lag immer noch hinter der Mauer und erstickte in seinem eigenen Blut. Die Westberliner Polizei bedrängte unterdessen im nahegelegenen Check Point Charly die Alliierten, die ja sonst immer auf ihre Zuständigkeit in Westberlin pochten, schon aus Gründen der Menschlichkeit einzugreifen und dem Verletzten zu Hilfe zu kommen. Die Alliierten lehnten das ab und betonten, dass dies eine Angelegenheit der Westberliner Polizei sei. Die hatte zwischenzeitlich - und unser Held war mit dabei - die Mauerkrone geentert und wartete auf den Einsatzbefehl. Sie warfen dem Verletzten Verbandspäckchen zu.

Sie wurden zwar von den „DDR"-Soldaten nicht angegriffen, aber runterzuspringen in den Osten trauten sie sich dann doch nicht. Erst als der Westberliner Einsatzleiter schweres Gerät anforderte und damit begonnen wurde, die Mauer einzureißen zuckten die Amerikaner doch gewaltig, erklärten die Zuständigkeit der Alliieren und forderten einen Krankenwagen an.

Der jedoch kam für *Peter Fechter* zu spät, der war inzwischen verblutet und wurde von den Vopos wie ein Stück Schlachtvieh abtransportiert. Die Westberliner Polizei konnte von ihrer Einsatzleitung nur mühsam unter Kontrolle gebracht werden, um dieses unmenschliche Treiben zu unterbinden. Noch heute steht an dieser Stelle ein Denkmal für den Arbeiter *Peter Fechter*, der nur seinen Arbeiter- und Bauernstaat verlassen wollte.

Nur ein halbes Jahr später geschah unweit der Grenzkontrollstelle Heinrich Heine Straße (Übergang für Westdeutsche) ein neuer Übergriff und unser Held war wieder dabei, als ein Hauch der dunkelsten deutschen Geschichte seine unmenschliche Fratze zeigte. Wieder peitschten Schüsse durch die Geschichte des zweigeteilten deutschen Landes.

Einer der populärsten ostdeutschen Jockeys hatte sprichwörtlich ebenfalls die Schnauze voll und versuchte die Kurve zu kratzen. Auf Grund seiner Jockeyfigur hoffte er, im Schatten der Nacht und der Mauer die

Grenzhindernisse und damit die Mauer zu überwinden. Er hatte die Mauerkrone gerade erreicht, als die Grenzsoldaten ihn wahrnahmen und, da sie keinen Westberliner Polizisten sahen, sofort das Feuer eröffneten. Unser Jockey sprang blitzschnell von der Mauer auf Westberliner Gebiet und verschwand in einem der Häuser.

Unser Held hatte im Schatten der Mauer versucht, eine Stange Wasser in die Ecke zu stellen, als plötzlich Schüsse über ihn hinweg peitschten und den Putz von den Westberliner Häusern absprengten. Vor Schreck erbrach sich die Stange Wasser über seine Hose, und das ließ ihn stinksauer und äußert wütend werden. Er empfand die Geschosse als einen persönlichen Angriff, zumal er den kleinen Jockey zunächst überhaupt nicht bemerkt hatte. Die MP von der Schulter geholt, durchgeladen und den Abzug durchgerissen war eine blitzschnelle Bewegung. Dazu brüllte er in Richtung Osten „*Verpisst Euch, ihr Penner*". Dann war der Krieg auch schon beendet. Das Ausfüllen vieler Formulare und Berichte überdauerte diesen kurzen Krieg jedenfalls um eine lange Zeitspanne.

Das war jedenfalls entlang der deutschen und der Berliner Grenze der Auftakt zu etlichen teils abenteuerlichen Fluchtversuchen in den Westen. Da war der Ost-Berliner, der in der Uniform eines US-Leutnants unbehelligt zu Fuß den Check Point Charly passierte, da war der Fahrer eines MG, der die Grenze mit seinem roten Flitzer überwand, indem er einfach unter dem Schlagbaum hindurch fuhr. Auch vor ganzen Zügen oder Schiffen wurde nicht halt gemacht. So kam manch Ostberliner unfreiwillig in den Genuss, in den Westen zu kommen, weil er zufällig in der Bahn oder auf dem Schiff gesessen hatte, das bewusst die letzte Abfahrt Westberlin genommen hatte. Für viele Ostberliner endeten jedoch diese Versuche auch tödlich oder schwer verletzt.

Zwischendurch gab es aber noch allgemeine Dinge im polizeilichen Alltag. Da war zunächst die Ausbildung zum Führerschein der Klasse II. Eine Ausbildung, die unserem Helden später zu viel Freizeit und zu weniger Ausbildungsstress verholfen hat. Die schwerste Prüfung war dabei am steilen Berg in der Steglitzer Rothenburgstraße. Der LKW wurde berghoch am rechten Fahrbahnrand geparkt. Hinter den linken Hinterreifen legte der Fahrlehrer seine, wie er meinte, goldene Armbanduhr. Nun musste jeder der Prüflinge den LKW anfahren und wehe, seine wertvolle Uhr würde beschädigt! Wenn auch teilweise mit ohrenbetäubendem Motorlärm und qualmender Kupplung haben alle fünf Prüflinge unter austretenden Schweißausbrüchen die Aufgabe gelöst. Hinterher gestand der Fahrlehrer, dass dies die Spieluhr seines Sohnes gewesen sei.

Diese Ausbildung war eine halbe Kfz-Lehre, denn Kraftfahrer der Bereitschaftspolizei waren später halbe Kfz-Schlosser und konnten ihre Fahrzeuge in vielen Fällen selbst wieder flott machen. Da sie dazu aber auch viel Zeit brauchten, konnten sie an vielen Geländeübungen und derart zeitaufwendigen Märschen nicht teilnehmen (wer lacht denn da?). Die Kraftfahrer hatten aber auch die Aufgabe, die Leistungssportler zum Training zu fahren, auch zum Training des privaten Polizei Sportverein. Da viele Polizisten am öffentlichen Spielbetrieb im Fußball und im Handball beim PSV teilnahmen, bekamen sie zu diesen Veranstaltungen auch regelmäßig Sportbefreiung vom Dienst. Unser Held war zwar im Dienst auch Handballer, aber wenn er für seinen BFC Preussen spielen wollte, bekam er keine Dienstbefreiung.

Der geneigte Leser ahnt sicher schon, was jetzt passierte. Kurioserweise spielten die 1. Männer der Fußballer des BFC Preussen und des PSV gemeinsam in der Berliner Oberliga und einige Polizisten spielten auch beim BFC Preussen.

Aber viele Polzisten spielten auch Handball bei den Preussen und just an einem Sonntag gab es ein Punktspiel der Fußballer beider Vereine gegeneinander und auch die Handballer beider Vereine hatten Punktspiele zu bestreiten. Das hieß im Klartext, 35 Polizisten der 2. Bereitschaft wären unterwegs gewesen. Damit wäre die Einsatzbereitschaft der 2. Bereitschaft nicht mehr gewährleistet gewesen. Die Spieler des PSV sollten deshalb Sportbefreiung bekommen, die der Preussen nicht.

Jetzt geschahen mehrere Dinge und man ahnt, wer dahinter steckte. In der Woche davor streikten die Kraftfahrer, die PSV-Leute zum Training zu kutschieren und beim Handballverband Berlin ging ein Telefonat des BFC Preussen für den HVB-Präsidenten ein. Der informierte den Präsidenten des PSV und erklärte dem, dass ein Antrag des HVB und des VBB beim LSB gestellt würde, den PSV zur Betriebssportgemeinschaft zu erklären mit allen Konsequenzen. Fazit: Die Spiele wurden umgesetzt und zukünftig erhielten alle Spieler Sportbefreiung, wenn die dienstliche Lage es erlaubte. Das Grinsen auf dem Gesicht unseres Helden nahm fulminante Formen an. Sein einziger Kommentar: *„Geht doch, man muss nur wollen"*.

Der erste Funkwagen, 1964 (Foto: privat)

Kapitel 14 – Und ewig lockt der Handball

Wollen wir ein wenig Luft holen und uns zunächst der zweiten großen Episode des Lebens unseres Helden zuwenden. Er war ja nicht nur Bulle, sondern auch Boss. Zunächst immer noch kein richtiger Bulle, denn das triste Kasernenleben beherrschte noch immer die Tage seines Seins, aber Boss der Preussenhandballer war er beizeiten und fast ein ganzes Leben lang.

In den Jahren 1954 bis 1959 galt er als erfolgreicher wurfgewaltiger Jugendspieler der Adler aus Lankwitz und wurde 1958 auch in die Berliner Stadtauswahl der Junioren berufen. Auch das Training der Leistungsjugend hatte er zwischenzeitlich übernommen und die ersten Meisterschaften eingefahren. Zu diesen Erfolgen kam es auch, weil er sich inzwischen mit *Rudi Wagner* einen starken Verbündeten an Bord geholt hatte. Wie schon erwähnt, war dieser Lehrer für Sport an der Kopernikus Oberschule in Lichterfelde, ein absoluter Fan des Handballsports und mit seiner Schulmannschaft des Öfteren in der Berliner Schulmeisterschaft ganz weit vorn.

Da die Nachbarschule, das Tannenberg-Gymnasium, ebenfalls laufend tolle Handballtalente hervorbrachte, war es für unseren Helden schnell klar, hier musste kurzfristig gehandelt werden. So kam dann im Eilverfahren ein Deal mit *Rudi Wagner* und dem Sportlehrer des Tannenberg-Gymnasiums zustande. Unser Held unterstützte das Handballtraining an beiden Schulen und betreute wenn nötig beide Schulmannschaften bei der Berliner Meisterschaft, dafür kamen die Handballtalente zum BFC Preussen und starteten eine eigene Handballkarriere im Verein. So wuchs die Jugendabteilung der Handball-Preussen stetig und bekam laufend frischen Nachwuchs. *Wolfgang Jahning, Wolfgang Görwitz, Ulli Stern, Werner Blisch, Christian Rehme und. Hanjörg Heneke* und andere wurden begeistert Preussen und bauten am Wachstum gewaltig mit. Bei diesem Auftrieb brauchte man nun auch einen eigenen Jugendleiter. Unser Held stand da sofort in der Spur und holte sich zur Unterstützung seine Helfer gleich aus diesem Nachwuchs. So entstand ein sich gegenseitig befruchtendes Verfahren und unser Held brauchte sich über mangelnde Freizeitbeschäftigung nicht mehr zu beklagen.

In diesen Jahren löste der Hallenhandball auch in Deutschland den Feldhandball ab. Über eine kurze Zeitspanne gab es dann auch noch den Kleinfeldhandball, aber der konnte weder die Zuschauer noch die Spieler begeistern. So trat dann Anfang der sechziger Jahre der Hallenhandball seinen Siegeszug an und wurde nach dem Fußball die Massensportart schlechthin, die heute Tausende in die Sporthallen lockt. Berlin wurde ein Schwerpunkt im deutschen Handball und der Preussenadler war dabei.

Unser Held erkannte frühzeitig die Wichtigkeit einer leistungsbezogenen Förderung in der eigenen Jugendarbeit, um im Erwachsenenbereich auf den eigenen talentierten Nachwuchsbereich zurückgreifen und erfolgreich sein zu können. So übernahm er dann 1959 die Führung und Leitung der Jugendarbeit und wurde mit 19 Jahren Jugendleiter und Trainer der Preussen-Jugend. Mit seiner Gabe der Organisation schuf er schnell erfolgreiche Eckdaten im Jugendbereich und seine erfolgreiche Trainertätigkeit wurde mit den ersten Meisterschaften im Jugendbereich belohnt.

Der Hauptverein hatte sich mit dem Bau des neuen Preussen-Casinos ganz schön übernommen und kam in finanzielle Turbulenzen. *Ewald Bluhm* musste als Präsident zurücktreten. Als neuer Präsident wurde dann der Tempelhofer Kaufhauskönig *Carl Walden* gewählt. Wo heute das Karstadt-Kaufhaus am Tempelhof Damm steht, war dereinst sein großes Kaufhaus. *Carl Walden* war vor dem Krieg ein bekannter Fußballer der Preussen. Er war ein Mann, und das war in dieser Situation für die Preussen sehr wichtig, der nicht nur Geld hatte, sondern damit auch umgehen konnte. Dafür nahm man dann auch in Kauf, dass er zukünftig mit starker Hand und sehr rigoros den Verein leiten würde. So war dann auch eine seiner ersten Maßnahmen, die Beiträge zu erhöhen. Hier fand er beim Handballvorstand wenig Verständnis, die Handballer zeigten sich nicht verhandlungsbereit und traten dann geschlossen aus dem Verein aus. Unser Held zeigte für die starre Verhandlung des Handballvorstandes kein Verständnis und folgte dieser Entscheidung nicht. Er verblieb mit seinen Jugendlichen im BFC Preussen, setzte sich mit *Carl Walden* an einen Tisch und verhandelte. *Carl Walden* erkannte, dass dieser junge Mann gute Ideen hatte und in der Zukunft für den Verein noch wichtig sein könnte. Beide arrangierten sich. Die Handballbeiträge wurden nur gering erhöht und unser Held konnte seine Ideen weiter umsetzen. Nun war er der BOSS der Preussen-Handballer und hatte gleichzeitig ein junges Team an seiner Seite. *Carl Walden* war vom Tempo und der Kraft dieser jungen Truppe und ihren Erfolgen begeistert. Er holte sich unseren Helden auch in die Vorstandsetage des Hauptvereins und machte ihn zum Vizepräsidenten des BFC Preussen, ahnte dabei aber sicher nicht, dass dieser schon in wenigen Jahren sein Nachfolger als Präsident des BFC Preussen sein sollte.

Damit begann 1962 die unendliche Erfolgsgeschichte der Pressenhandballer die auch heute noch, über 50 Jahre danach, mit dem Namen unseres Helden eng verbunden ist.

Kapitel 15 – Da wurde das Recht noch durchgesetzt

Es traten jetzt in beiden Lebensabschnitten unseres Helden große Sprünge in der Geschichte auf und wir werden ein wenig springend beide Zeitabläufe wechselseitig beleuchten, um in seinen Karrieren als Bulle und Boss mit den Zeitbildern mithalten zu können.

So, nun wieder ein Zeitsprung in die Bullerei. Zwei nennenswerte Ereignisse verdienen noch der Erwähnung und nahmen dann in der Chronik 1963 bei der Bereitschaftspolizei einen festen Platz ein.

Es gab in der Bereitschaft auch einige, die zur Sperrstunde mit der S-Bahn zur Kaserne fuhren. Auch zwei, die wir unsere „Küken" nannten, nahmen immer diesen Weg und kamen vom S-Bahnhof Marienfelde zu Fuß zur Kaserne. Dabei führte sie ihr Weg immer durch die Lankwitzer „Mau Mau-Siedlung". Hier wohnten viele Asis, Arbeitslose und Trinker, darunter waren etliche Jugendliche, die immer Streit suchten und auch viele Kleinkriminelle. An einem lauen Sommerabend kamen unsere Küken vom Bahnhof. Da sie früh dran waren, wollten sie in der Kneipe in der Mau-Mau-Siedlung noch ein Bier durch die durstigen Kehlen fließen lassen. In der Kneipe wurde sie dann angemacht, nachdem jemand festgestellt hatte, dass sie von der Polizei waren. Schnell gab es ein Streitgespräch und dann wurden sie nach Strich und Faden verprügelt und traten die Flucht zur Kaserne an. Hier trafen sie dann blutüberströmt ein und offenbarten sich den alten Hasen. Diese versorgten sie ärztlich und ließen sich alles haargenau berichten.

Am anderen Morgen stand die Bereitschaft wie immer vor dem Haus an, um vom Spieß die neuesten Dienstverrichtungen zu erfahren. Als dieser seine Morgenshow beendet hatte, wollte er die Bereitschaft wegtreten lassen. Da ertönte ein lautes: „Moment mal" und Heinz, einer der alten Hasen und deren sogenannter Anführer, trat vor die Front. Heinz war mit seinen 120 Kilo bei einer Größe von 1,95 Metern eine imposante Erscheinung. Außerdem war er Deutscher Polizeimeister im Judo, Schwergewicht versteht sich. Er erläuterte nun die Geschichte unserer Küken, die er in der letzten Nacht erfahren hatte. Zum Schluss rief er, dass man hier wohl eine „Erziehungsmaßnahme" durchführen müsse. Wer da erzogen werden musste, war allen sofort klar. Heinz rief nun „Freiwillige vor", die zur Durchführung dieser Maßnahme bereit waren. Ein Lächeln ging über sein Gesicht, als die gesamte Bereitschaft (ca.100 Mann) geschlossen drei Schritte vortrat. Heinz suchte sich zwölf Mann aus und bat zur Lagebesprechung in den Unterrichtsraum. Es bedarf keiner besonderen Feststellung, unser Held war natürlich dabei.

So marschierte dann in den Abendstunden eine Gruppe von 14 Mann, die aussahen, als ginge eine Gruppe von Gewichthebern in den olympischen Wettkampf, in Richtung Mau-Mau-Siedlung. Das unschwer zu erkennende Ziel war die dortige Kneipe, in der unsere Küken am Abend zuvor so schlechte Erfahrung gemacht hatten. Zu dritt, unser Judomeister und die beiden Küken, ging man in die Kneipe und der Rest wartete vor der Tür. Drinnen saß der Rädelsführer von gestern an der Theke und staunte nicht schlecht, als er der Küken gewahr wurde. Den Judoschrank bemerkte er zwar, aber als er sich umsah und zehn weitere seiner Genossen im Raum sah, fühlte er sich sicher und witterte keine Gefahr. Als er dann einem der Küken sein Bier ins Gesicht kippte, herrschte einen Augenblick Totenstille im Lokal. Aber dann wurde die Tür aufgestoßen und der Rest der *„Erzieher"* marschierte in den Raum.

Auf einmal brach Panik aus und das Gesetz wurde durchgesetzt. Nach zehn Minuten gab es kein Möbelstück mehr, das noch zu benutzen war und der Haufen der Kleinkriminellen löste sich mehr und mehr auf oder lag bewegungsunfähig in den Trümmern. Heute würde man sagen, *Bud Spencer* und *Terence Hill* lassen grüßen. Auch unserem Helden tat das richtig gut und die paar Schrammen in der Haut zeigten, dass man gelebt hatte, würde er später einmal verkünden. Die Truppe der Gerechten sammelte sich, dem Gesetz der Fairness war Geltung verschafft worden und man konnte den Tatort siegreich verlassen.

Ja, das waren noch Zeiten, da wurde Gerechtigkeit noch durchgesetzt. Heute undenkbar. Man hat nie wieder davon gehört, dass jemals wieder junge Polizisten in dieser Kneipe belästigt wurden. Ein kleines Nachspiel hatte die Vorführung dann aber doch. Als am nächsten Morgen die

Bereitschaft antrat, erschien der Abteilungsleiter und machte mit dröhnender Stimme die Truppe zur Sau. Der Wirt hatte ihn informiert.

Zum Schluss seiner Rede ging aber ein Grinsen über sein Gesicht und er sagte, nun weniger laut: **Leute, tolle Kameradschaft**. In den darauffolgenden drei Wochen machten wir praktische Ausbildung in der Polizeitischlerei – Tische und Stühle leimen und reparieren hieß die zu lösende Aufgabe.

Kapitel 16 – Der große Zapfenstreich

Die Polizeischau 1963 sollte das letzte emotionale Ereignis seiner Zeit bei der Bereitschaftspolizei sein. Wochenlang wurde für dieses Großereignis der Berliner Polizei geprobt und geübt. Unser Held hatte Glück. Da er ja zwischenzeitlich seinen Führerschein der Klasse 2 erworben hatte und nun alles fahren durfte, was keine Ketten hatte, war er während der Proben meistens beim Fahrdienst. Die anderen mussten üben beim Fahnenschwingen und der Parade des Sports, bis sie nachts von Fahnen träumten, denn die Polizeischau gehörte damals zu den jährlichen Großereignissen in Berlin und war ein Besuchermagnet für die Berliner Bevölkerung und ein Stück Selbstdarstellung der Berliner Nachkriegszeit.

Dann, an einem schönen Sonntagmorgen im September ging eine große Paradetruppe durch die Berliner Bezirke und blies zum *„großen Wecken"*. Am Nachmittag war es dann soweit, rund 110.000 Berliner strömten in das Olympiastadion. Nur zur Berliner Polizeischau durften mit Sondergenehmigung so viele Menschen in das Stadion der Olympiade von 1936, und das war schon ein imposantes Bild.

Dann rollte über drei Stunden eine Massen-Vorführung nach der anderen vor den begeisterten Berlinern ab. Unser Held nahm nur an der Parade des Sports teil, die von über 300 Polizisten vorgeführt wurde, die sich genau abgemessen in Reih und Glied auf dem olympischen Rasen verteilten. Nur einer stand außerhalb seiner Reihe, deutlich einen Meter vor seinem Fixpunkt. Das hatte den Vorteil, dass er bei der Fernsehübertragung später deutlich in der Masse der paradierenden zu erkennen war.

Am meisten imponierte aber die Motorradstaffel der Berliner Polizei, die mit toller Artistik auf zwei Rädern überzeugte. Diese Motorradstaffel trat dann über Jahrzehnte mit ihren Vorführungen bei Vorstellungen in der ganzen Welt auf und musste erst im Jahre 2013 aus Kostengründen eingestellt werden. Einige Jahre nach dieser Polizeischau konnte man sie aber noch beim Sportfest der Preussen im Stadion an der Malteserstraße in Lankwitz bewundern, immerhin vor 3500 Zuschauern. Es bedurfte keiner Frage, wer das wohl organisiert hatte. Es gab aber auch viele andere interessante Darbietungen in diesem Jahr 1963, wie die Hundestaffeln, die Alarmstaffeln, sowie spannende Leichtathletik-Wettbewerbe und tolle Musikdarbietungen des Berliner Polizeiorchesters.

Als dann der Abend hereinbrach, gab es den emotionalen Höhepunkt. Der große Zapfenstreich marschierte ins Olympiastadionstadion ein mit Stahlhelm und Gewehr über. Dann erscholl in der Totenstille der Stätte der Olympiade von 1936 der dröhnende Befehl: *„Gewehr ab und Helm ab zum Gebet"* und 110.000 Berliner mit einer entzündeten Kerze in der Hand standen auf und sangen die deutsche Nationalhymne. Da bekamen alle einen dicken Kloß im Hals und auch unser Held war sich der Weihe des Augenblicks der über dem abendlichen Stadion lag, bewusst. Dass viele Berliner dabei mit Inbrunst die erste Strophe des Deutschlandliedes gesungen haben, war der Weihe des Augenblicks geschuldet. Diese Veranstaltung war somit der emotionale Höhepunkt und

Abschluss seiner vierjährigen Ausbildung bei der Berliner Bereitschaftspolizei.

Die Karriere bei den Preussen ging unterdessen in Riesensprüngen wieter, denn hier konnte er seinem Organisationstalent ungehindert freien Lauf lassen, während er bei der Polizei noch von vielen Pissbacken und Vorschriftenreitern ausgebremst wurde. Bei den Preussen lief es jetzt dafür so richtig rund. Bereits nach einem Jahr waren es wieder 50 Jugendmitglieder, und schon 1963 boten die Handballer wieder eine 1. Männer auf. Zunächst erst mal eine fast reine *„Bullenmannschaft"*, denn alles, was bei der Polizei den Anschein hatte, mit einem Handball etwas anfangen zu können, wurde für die Preussen rekrutiert. Das war eine schlagkräftige Truppe, die da die Berliner Handballszene erstürmte.

Unser Held war auch in das Präsidium des Hauptvereins gewählt worden und wurde 1963 2. Vorsitzender des Hauptvereins. Die Handballabteilung wuchs und wuchs. Um den Aufbau der Handballabteilung zu untermauern, mussten nun auch Sponsoren her. Gemeinsam mit *Ulli Stern*, der inzwischen bei der Firma Horn und Görwitz seine berufliche Karriere begonnen hatte, überzeugte er den Chef von Horn und Görwitz, dass es für das Wohlbefinden seiner Söhne, Wolfgang und Michael, die in der A-Jugend und in der B-Jugend dem Handball hinterher jagten, wichtig wäre, auch deren Umfeld zu fördern. So wurde dann der Büroausstatter Horn & Görwitz der erste Großsponsor der Handballer.

Viele kleine Sponsoren und Eltern ließen sich durch diese Aktion anstecken und plötzliche entdeckten viele kleine und mittlere Geschäftsleute aus Lankwitz, wie die Optiker *Rohrlack* und *Tamke,* der Maler *Zeiseler,* die *ARAL-Tankstelle* am S-Bahnhof Lankwitz, der Radiohändler *Labenski,* das *Sportshop*, Bäcker *Wiese* und der Apotheker von der *Oleander-Apotheke* ihre Solidarität mit den Preussen-Handballern. So wurde aus vielen Kleinen ein großer Kreis von Förderern. Die Gruppe Handball des BFC Preussen bog in die Erfolgsspur ein.

Kapitel 17 – Die große Europaschleife

Um sein Weltbild weiter auszubauen und der neugegründeten Gemeinschaft mit den Fußballern und der Polizei Ausdruck zu verleihen, gründete unser Held eine Reisegemeinschaft mit zwei Fußballern, *Martin* (Spieler der 1. Männer Fußball) und *Uwe* (Fußballer der 2. Männer und Sohn des legendären Schauspielers *Harald Paulsen*). Uwe konnte man später im Ensemble der berühmten Berliner Kabarettisten der *„Berliner Stachelschweine"* bewundern. Dazu zwei Handballer, unser Held und *Dieter*, die auch beide „Bullen" waren.

Das große Ziel hieß Nordafrika und es sollte eine große Europareise über 6500 Kilometer werden. Im Sommer 1963 wurde ihr Reisegefährt – ein Opel Rekord 1,7l – gerüstet und dann ging es auf große Reise, um neue Menschen und neue Länder kennen zu lernen, den Kulturhorizont zu erweitern und danach mit neuen Ideen große Aufgaben anzupacken.

Nach den ersten kleinen Europatouren nach Jugoslawien, Österreich und Griechenland wagte sich unser Held auf seine erste große Europaschleife. Gut 800,00 DM waren in der Reisekasse und das für vier Personen - einfach unglaublich, das würde heute nicht mal für zwei Wochen zur Ostseeinsel Usedom reichen. Nachdem man schnell noch über Werne (bei Münster) – hier wohnte, wie der Leser sicher schon mitbekommen hat, Vater Plötz – eine kleine Kurve eingelegt hatte (um die Reisekasse ein wenig aufzufüllen), ging es dann dem ersten Reiseziel entgegen, dem Atomium in Brüssel. Dieses 1958 zur ersten Weltausstellung (Expo) nach dem 2. Weltkrieg eröffnete, 102 Meter hohe und in 165 millionenfacher Vergrößerung nachgebildete Atom, von Andre Waterkeyn als Symbol für das Atomzeitalter und für die friedliche Nutzung der Kernenergie erschaffene Bauwerk, war schon ein sehr interessantes Monument der Zeit. Ein solches Riesenatom einmal aus der Nähe zu sehen und auf vielen Rolltreppen durch die Arme der Atomkrake von Ausstellung zu Ausstellung, die sich in den 18 Meter

Durchmesser messenden Atombällen befanden, zu befahren, war schon ein imposanter Eindruck. Zum Schluss konnte man in der obersten Kugel, die ein Restaurant beherbergte, bei einer Erfrischung einen tollen Blick über Belgiens Hauptstadt Brüssel genießen.

Dann ging es durch flache Industrielandschaften der Hauptstadt Frankreichs entgegen. Schon von weitem grüßte Paris mit dem alles überragenden Wahrzeichen, dem 1889 zur Weltausstellung von Gustave Eiffel erbauten 324 m hohen Eiffelturm, unsere Preussentruppe aus Berlin. Ein Koloss aus 10.100 Tonnen Stahl überragt eine der neben London, Madrid, Rom und Berlin größten westeuropäischen Metropolen.

Paris, eine Stadt mit über zwei Millionen Einwohnern im Stadtzentrum und rund 11,5 Millionen im Großraumgebiet, war schon eine beeindruckende Metropole, mit seinen 105 Quadratkilometern allerdings bedeutend kleiner als Berlin mit seinen 880 Quadratkilometern. Aber man musste schon gewaltig Gas wegnehmen und sich viel Zeit lassen, um wenigstens die wichtigsten Sehenswürdigkeiten wie *Sacre Coeur,* den *Louvre,* damals noch ohne die gläserne Illuminati-Pyramide, den *Invalidendom,* den *Lido, Moulin Rouge* und *Notre Dame* innerlich zu erfassen. Sie fuhren vorbei am *Arc de Triomphe* zum *Eiffelturm,* bestiegen diesen (natürlich mit dem Fahrstuhl) und genossen den atemberaubenden Blick über die Stadt der Liebe. Mit den Augen fuhr man über die *Seine*, die sich wie die Spree in Berlin durch Paris schlängelte.

Einen Bummel über die berühmte *Champs Elysees* durfte natürlich nicht fehlen. Endlich mal den Ort persönlich in Augenschein zu nehmen, an dem jährlich das größte Radrennen der Welt, die Tour de France, mit ihrer letzten Etappe endet! Drei Tage ließen sich die Preussen Zeit, diese Stadt zumindest im Geiste zu erobern. Ihr Zelt schlugen sie auch an einem historischen Ort, im Park von Versailles, nahe dem Schloss Versailles, am Rande der großen Stadt auf dem dortigen Campingplatz auf. Dabei blieb natürlich auch Zeit für einen ausführlichen Bummel durch das 1661 von Ludwig XIII erbaute berühmte Schloss, das bis zum Ende der französischen Revolution 1789 dem französischen Königshaus als Residenz diente. Im berühmten Spiegelsaal gedachten sie selbstverständlich der Vertragsverhandlungen von Versailles nach dem 1. Weltkrieg.

Die Mahlzeiten unserer Preussentruppe waren weniger königlich. Meist gab es Weißbrot, das *Martin* tagsüber immer großzügig in den Restaurants eingesammelt hatte und dazu selbstgemachte Hühnersuppe. Sie wollten sich ja auch in erster Linie an kulturellen Ergüssen laben. Nach drei Tage ging es dann weiter durch das französische Tiefland in Richtung Atlantik. In Biarritz, am Golf von Biskaya, einer der stürmischsten Ecken des Atlantiks, erreichte man das kühle Nass und nutzte eine Mittagspause für einen Sprung in die Fluten, ehe es dann weiterging in Richtung spanische Grenze. Nach der Überquerung der Pyrenäen erreichte man in San Sebastian spanischen Boden. Über Burgos ging es bei strahlendem Sonnenschein nun über die spanische Hochebene auf die Hauptstadt Spaniens, Madrid, zu.

Die Vielfältigkeit der Kultur und der für Deutsche gewöhnungsbedürftige Fahrstil der Madrilenen - ähnlich dem der Pariser -, der die Erkundung auf eigene Faust und mit dem eigenen Auto verbat, ließ nur eine andere Möglichkeit zu. Nach etlichen Verhandlungen fanden unsere Preussen einen Taxifahrer, der sich erbot, den Deutschen sein Madrid näher zu bringen. Bevor die Rundfahrt in einer Taverne endete, stand für unsere Preussensportler noch ein Muss-Besuch im weltberühmten Fußballstadion von Real Madrid – Estadio Santiago Bernabeu - auf dem Programm. Dieses 1947 auf Initiative von Santiago Bernabeu gebaute Stadion ist ein Prachtbau, als reines Fußballstadion konzipiert und seit Jahrzehnten die Heimstatt von Real Madrid. Selbstverständlich lief man als Sportler auch über den heiligen Rasen. Unsere Helden konnten es sich nicht verkneifen, diesen heiligen Rasen persönlich zu betreten. Natürlich - der Weihe des Augenblicks gewidmet - barfuß.

Am Nachmittag ging es dann weiter in Richtung Mittelmeer, der Sonne entgegen. In Alicante, der 340.000 Tausend Einwohner zählenden Hauptstadt von Andalusien, traf man dann auf die Küstenstraße. Weiter ging es auf der Costa Blanca über Almeria, immer auf der linken Seite das herrliche Mittelmeer im Auge und der Stierkampfstadt Málaga, der zweitgrößten Stadt Andalusiens, nach Gibraltar. Von hieraus war es nur noch ein Katzensprung nach Algeciras in der Nähe von Gibraltar. Hier wollten unsere Helden am weitesten Wendepunkt ihrer Reise einen vierzehntägigen Urlaubsaufenthalt einlegen. Kurz hinter Algeciras fanden sie dann auch einen ruhigen Campingplatz direkt am Meer. Schnell wurde das Preussenhaus aufgebaut.

Am Abend saß man erschöpft in der dazugehörigen Taverne, in der Großvater *Jose* und Neffe *Pepe* sich über die Gäste aus dem fernen Deutschland freuten und diese ordentlich bemutterten. Nach langer Fahrt klang der Tag gemütlich und genussvoll bei einer (oder waren es mehrere?) Cuba Libre aus. Das waren Mischungen, wie unser Held sie liebte: vier Finger Rum und vier Finger Cola. Als unser Held dann in seinem Schlafsack entschlummerte, dachte er nur noch entrückt, **wenn ich das zu Hause meinen Preussen erzähle!**

Am nächsten Morgen gab es dann nach erholsamer Nacht und einem morgendlichen Bad im Mittelmeer ein reichhaltiges Frühstück und sie lernten noch einen Gast kennen, der der deutschen Sprache mächtig war. *Jesus von Nazareth*, oder wo auch immer er geboren war, gesellte sich zu ihnen. Er sah aus, als wäre er gerade vom Kreuz herabgestiegen. Er sah wirklich abenteuerlich aus und war ein Weltenbummler, der interessante Geschichten zu erzählen wusste. Er hatte ja auch schon fast zweitausend Jahre die Geschichte durchwandert.

Für unsere Preussen war jetzt aber Faulenzen angesagt. Dann war noch ein Sprung auf den schwarzen Kontinent, nach Ceuta in Marokko, vorgesehen und zuvor noch ein Sprung auf den Affenfelsen von Gibraltar. Für erlebnisreiche Abende sorgte *Pepe,* der Neffe von *Jose,* der ihnen die „*Schönheiten*" seines Dorfes vorführte, die die Preussen ganz schön heiß machten, aber allzu viel wollen wir hier nicht aus der Schule plaudern.

Nach vier Tagen Faulenzen waren unsere Helden zu neuen Schandtaten bereit und der Angriff auf den schwarzen Kontinent wurde ins Auge gefasst. Zunächst ging es mit dem Auto nach Gibraltar. Bevor man den Hafen von Algeciras erreicht, sieht man schon den großen 426 Meter hohen Felsen und das 6,5 Quadratkilometer große Eiland von Gibraltar, die das Wahrzeichen der seit 1830 bestehenden Kronkolonie des Britischen Empires sind. Will man dieses Imperium besuchen, muss man auch eine königliche Passkontrolle durchschreiten.

Auf dem Felsen leben viele freilaufende Affen in einer gesunden Symbiose mit den dortigen Menschen. Die Legende behauptet, dass Gibraltar solange zu Großbritannien gehören wird, bis der letzte Affe den Felsen verlassen würde. Die Wissenschaft hat festgestellt, dass die Höhlen des Felsens das letzte Rückzugsgebiet der europäischen Neandertaler von vor 28.000 Jahren waren. Einige dieser Exemplare gibt es ja auch noch heute auf der großen Insel im Atlantik. Das ist eben das britische Empire.

Zu Fuß des Felsens liegt die Straße von Gibraltar, der Punkt, an dem sich Afrika und Europa am nächsten kommen. Diese Wasserstraße zwischen Mittelmeer und Atlantik, die zwei Kontinente verbindet, ist 14 Kilometer breit und 44 Kilometer lang und wird von den Säulen des Herakles beschützt. Jenseits dieser Säulen soll der Legende nach der sagenumwobene Inselkontinent *Atlantis* gelegen haben, die Brutstätte unserer Kultur oder, wie einige behaupten, der Wohnort der ersten Aliens auf unser Erde. Mit der nötigen kulturellen Ehrfurcht betraten unsere Helden nun die Fähre und setzten über auf einen anderen Erdteil. Afrika, wir kommen! Unser Held dachte nur: **Oh Gott, wenn ich das meinen Preussen erzähle.**

Nach gut zwei Stunden Fahrt mit der Fähre sah man schon die Höhenzüge des Rifgebirges und fuhr in den Hafen der spanischen Exklave Ceuta auf dem Gebiet Marokkos ein. Unsere Helden waren sich der Wiehe des Augenblicks bewusst, denn sie betraten erstmals einen anderen Erdteil. Ein völlig anderes Kulturgefühl umfing sie.

Nach einer kurzen Stadtbesichtigung begann dann nach einer Passkontrolle, die echte Einreise nach Marokko. Dann ging es nach Tétouan und hier trafen sie auch auf eine echt andere Welt. Zur Feier des Tages hatten sie sich alle mit neuen weißen T-Shirts eingekleidet, und um ihre Sonderstellung darzustellen, prangte auf dem Rücken in großen roten Buchstaben das Wort BERLIN. Das sollte in Kürze auch eine große ungewollte Bedeutung erringen. Zunächst betraten sie Tétouan, was so viel heißt wie „weiße Taube".

Die Stadt mit ihren 360.000 Einwohnern liegt circa zehn Kilometer vom Mittelmeer entfernt und war im 14. Jahrhundert ein berüchtigtes Seeräubernest. Die Menschen trugen meist typisch arabische Kleidung und die Gebäude hatten im Jahre 1963 nicht viel mit europäischer Baukunst gemein. Der Königspalast überragt in seiner Pracht und Schönheit die gesamte Stadt und erinnert in seiner Darstellung an „*Tausend und eine Nacht*".

So war der Palast auch die erste Anlaufposition, die sie ausführlich durchstreiften. Danach ging es über einen großen Basar mit hunderten kleiner Geschäfte, die nicht größer als ein mal drei Meter waren. Der Basar war voller Menschen und man konnte praktisch alles erwerben. Plötzlich kam Unruhe auf. Einer der Händler, der unsere Helden erblickt hatte, sprang aus seinem Laden und stürzte plötzlich auf unsere Helden zu. Als er sie erreicht hatte, riss er plötzlich seinen rechten Arm hoch zu einem bekannten Gruß und brüllte begeistert „HEIL HITLER".

Unsere Helden hielten zunächst erschrocken inne, doch die Spannung lockerte sich schnell wieder, als sich herausstellte, dass der Händler ein absoluter Fan Deutschlands war und die herausgebrüllten Worte die einzigen Worte waren, die er in deutscher Sprache beherrschte. Er bugsierte unsere Helden in sein Ladengeschäft und bot ihnen echten Pfefferminztee an, nicht mit Teebeutel, sondern mit einer echten Minzepflanze. Dann zeigte er ihnen eine alte Postkarte aus Berlin und unsere Helden mussten ihm ein Autogramm auf dieser Karte geben, was sie dann auch gerne taten.

In einer arabischen Teestube wurde dann noch eine Rast eingelegt und viele Postkarten nach Berlin geschickt, natürlich mit Grüßen vom *„schwarzen Kontinent"*. Danach ging es mit dem Taxi zurück nach Ceuta, wo die Fähre nach Europa unsere Freunde wieder zurück nach Algeciras brachte Im Salon von *Jose* auf dem Campingplatz wurde dann ausgiebig, natürlich bei vielen Cuba Libre, über den Ausflug diskutiert und *Jesus* und *Pepe* waren natürlich auch dabei. *Jesus* trug mit vielen Geschichten aus seiner Vergangenheit zu einem fröhlichen Abend bei. Die Religion erschien dabei in einem völlig neuen Blickwinkel.

Die vierzehn Tage verrannen leider viel zu schnell und es hieß wieder Abschied nehmen. Unter Tränen wurde versprochen sich wiederzusehen. Unser Held dachte nur noch: **Wenn ich das meinen Preussen erzähle**.

Dann wurde es ernst, der Opel brüllte auf, er wollte heim. Aber da lagen noch einige tausend Kilometer dazwischen. Nächste Station war Málaga, wo man noch einen Stierkampf besuchen wollte. Zur Mittagszeit erreichte man dann auch Málaga und die Stierkampfarena war schnell gefunden. In der Arena herrschte eine Stimmung wie bei Hertha BSC im Olympiastadion oder bei den Preussen im Lankwitzer Adlerhorst. Unsere Helden saßen recht teilnahmslos auf den Rängen und konnten die Begeisterung der Spanier über die Abschlachtung der Stiere nicht so recht nachvollziehen. Ihnen taten die Stiere leid, und lediglich, wenn einer der Toreros von einem der Stiere auf die Hörner genommen wurde, ging ein schadenfrohes Grinsen über ihre Gesichtszüge. Das brachte ihnen aber viele verständnislose Blicke ihrer Umgebung ein. So entschlossen sie sich dann nach knapp zwei Stunden zur Weiterfahrt. Über die herrliche Küstenstraße ging es nun weiter über Almeria und Alicante, diesmal aber nicht links ab Richtung Madrid, sondern weiter auf der Küstenstraße in Richtung Barcelona. Sie näherten sich nun der zweitgrößten Stadt Spaniens und der Hauptstadt von Katalonien, der Zweimillionen Metropole Barcelona. Hier wird 1975 nach dem Tode von Generalissimo Franko in Spanien die Demokratie eingeläutet und schon 1986 werden die Spanier der EU beitreten.

Aber als unsere Helden 1963 hier vorbeirauschen, müssen sie sich noch der kulturellen Errungenschaften der Stadt mit den tausend Gesichtern erfreuen. Überragendes Wahrzeichen der über 2000 Jahre alten Stadt ist die *Basilika Sagrada Familia,* die als herrlichstes Bauwerk der Stadt alles überstrahlt. Und an der wird, ähnlich wie am Kölner Dom, seit über 100 Jahren gebaut.

Nach einer kleinen Stadtrundfahrt entlang der Gebäude der Weltausstellung von 1888 und 1929 und einer üppigen Paella ging es dann weiter in Richtung der 120 Kilometer entfernten Pyrenäen, die bei Perpignan die Grenze zu Frankreich bilden. Entlang der Gestade des Mittelmeeres über die herrliche Küstenstraße Frankreichs zur nach Paris zweitgrößten und wichtigsten Stadt Frankreichs, nach Marseille mit seinen 850.000 Einwohnern, der berühmten Hafenstadt an der Mündung der Rhone ins Mittelmeer.

Nächster Halt war dann ein hoch gelegener Campingplatz über Monacos Hauptstadt Monte Carlo. Eigentlich wollten unsere Helden sich landfein machen und am Abend das Spielcasino von Monte Carlo sprengen. Beim Ankleiden stellten sie aber fest, dass keiner eine Krawatte dabei hatte. So hatten die Monegassen, vor allem das Casino, noch mal Glück und es blieb bei einem nächtlichen Pokerabend auf dem Campingplatz hoch über Monte Carlo.

Am nächsten Tag ging es weiter, Richtung Deutschland. Über Mailand ging es dann in Richtung Zürich am Züricher See. Hier durften sie noch einen letzten Kulturschock auf dem dortigen Campingplatz verdauen. Glaubte man, in Zürich wieder das zivilisierte Europa erreicht zu haben, so belehrte einen ein Besuch auf der Toilette des Campingplatzes eines besseren. Wurden die Besuche von Toiletten auf den Campingplätzen in Frankreich und Spanien in den letzten Wochen schon immer mit Schaudern begleitet, so hatte man gehofft, hier in der Schweiz wieder auf abendländische Kultur zu treffen. Aber NEIN, auch hier war wieder gefragt, Standhaftigkeit und Treffsicherheit beim Lösen der Sorgen des Alltages zu beweisen. Das waren keine WCs, das waren Stehbierhallen und es hieß immer wieder Stillgestanden, Beine breit, und Zielen. Wenn es dann so richtig spritzte, hatte man alles richtig gemacht. Unser Held dachte am Abend nur: **Oh Gott, wenn ich das meinen Preussen erzähle.**

Jetzt wurde der Drang nach Hause zu kommen, immer größer und der Aufenthalt in Zürich wurde nicht unnötig länger hinausgezögert. Es ging nun auf die letzte Etappe der 6500 Kilometer langen Europatour. Über den Rheinfall von Schaffhausen ging es nun wieder über deutsche Autobahnen über Mainz, Frankfurt/Main und Hannover.

Unser Held entspannte von langer Reise und döste auf dem Beifahrersitz. Kurz vor dem Grenzkontrollpunkt Helmstedt/Marienborn wurde er von einer lauten Stimme geweckt, die im penetranten Sächsisch rief: *„Ihre Papiere bitte und öffnen Sie Handschuhfach und Kofferraum."* Unser Held zuckte erschrocken hoch und verkündete wütend: *„Denken Sie, wir haben Flüchtlinge gefunden, die in Ihr Arbeiter -und Bauernparadies einreisen wollen?"* Unsere Kontrolle verzögerte sich daraufhin um eine halbe Stunde.

Hier hatte uns die deutsche Wirklichkeit 1963 wieder eingeholt. Eine Wirklichkeit, die erst 26 Jahre später, im November 1989, wieder in Freiheit und Freude enden sollte. Großspurig wehte die Fahne der sogenannten „DDR" mit ihrem Emblem, Zirkel/Hammer/Ähre über dem Grenzkontrollpunkt Marienborn. Die Berliner hatten im Jahre 1963 natürlich schon eine Deutung für dieses Emblem zur Hand. *„Vierzehn Jahre haben wir rumgezirkelt, jetzt steh'n wir unterm Hammer und werden in Ähren untergehen."*

Nach dreißig Minuten durfte die Reisegemeinschaft in den Kontrollpunkt einfahren. Unser Held sammelte alle Papiere ein und begab sich zum Schalter, um das *„Eintrittsgeld"* zu bezahlen. Er gewahrte zwei Schalter, vor einem stand eine Schlange von fünfzig Leuten, der andere war leer. Da stand ein Schild im Fenster „Pause". Er ging trotzdem zu diesem Schalter, weil er sah, wie sich gerade ein Vopo dahinter hinsetzte. Als er die Papiere durch den Schlitz schob und sagte *„Viermal Berlin"* war hinter der Scheibe zunächst Ruhe, dann hörte er im besten Berliner Dialekt *„Ach, een Kollege, na, Urlaub gehabt?"* Die Grenzbeamten machten sich seit jeher Markierungen in die Führerscheine von Polizeibeamten, und wenn die erneut durchreisten, konnten sie sofort feststellen, wenn es sich um Berliner Polizisten handelte. In diesem Fall erwies es sich für unsere Reisegruppe als positiv. Darum erwiderte unser Held *„Ja, wir waren im sonnigen Spanien und jetzt ist der Urlaub leider zu Ende."* Der Vopo erwiderte: *„Na, dann gib mal die Grenzgebühr rüber, ich erledige das für euch und dann fahrt da vorn durch die Schranke für Alliierte und sagt dem Kollegen, ihr kommt von Paul und dann schöne Heimfahrt."*

Unser Held war in wenigen Minuten abgefertigt, sagte brav DANKE und sie fuhren vorbei an einer langen Schlange wartender Autos, auf die besagte Schranke zu. Ein anderer Vopo stürzte auf sie zu und sagte *„Können Sie nicht lesen, das ist hier nur für Alliierte"*. Unser Held sagte nur *„Kollege Paul hat uns hier eingewiesen"* – *„Dann zeigen Sie mal Ihren Führerschein"*, kam es brummend zurück. Unser Held reichte seinen Führerschein raus und der Vopo nahm ihn nur kurz zur Kenntnis, dann erhellte sich sein Gesicht und er sagte nur *„Kollege, gute Fahrt!"* und öffnete die Schranke.

Das war die Politik der kleinen Schritte auf der unteren Ebene im Jahre 1963. Hier noch für den geneigten Leser die Lösung. Auf dem Führerschein unseres Helden stand damals als seine Wohnanschrift - *Berlin Lankwitz, Gallwitzallee 88* - und das war bekannter Maßen die Anschrift der Berliner Bereitschaftspolizei.

Nun waren es nur noch rund 130 Kilometer bis zum Berliner Ring und die rissen unsere Helden auf einer Arschbacke ab. Dann kam schon der steinerne Berliner Bär auf dem Mittelstreifen des Berliner Rings in Sicht und da hieß es, Fenster auf und tief die Berliner Luft eingeatmet und kräftig auf die Hupe gedrückt, BERLIN, du hast uns wieder.

Der Berliner Bär grüßt die Heimkehrenden (Foto: privat)

Schnell nach Lankwitz zu Muttern, die froh war, das der Große wieder gesund zu Hause war. Als er nach vielem Erzählen dann am Abend im Bett lag, dachte er nur noch, **da habe ich meinen Preussen aber viel zu erzählen.**

Kapitel 18 – Und wieder ruft Afrika

Bei den Preussen hatte sich zwischenzeitlich auch eine Menge getan. Unser Held war inzwischen 1964 Vizepräsident des Gesamtvereins geworden und hatte bereits 1963 die ersten Leichtathletik-Meisterschaften aller Preussen nach dem Kriege organisiert, die von den rund 2000 Mitgliedern des Vereins begeistert aufgenommen wurden. Er selbst nahm damals noch aktiv als Kugelstoßer teil und konnte dabei sogar noch zweimal den Meistertitel erringen.

Mitte der sechziger Jahre wütete dann der Sensenmann unter Preussens Führern. Im Juli 1964 stirbt völlig unerwartet Preussenpräsident und Kaufhauskönig *Carl Walden* und unser Held übernimmt mit seinen 23 Jahren kurzfristig das Amt des Präsidenten des BFC Preussen. Er ist damit der jüngste Präsident eines Großsportvereins in Deutschland.

Seine Freizeit ist mit den beiden Posten des Abteilungsleiters Handball und des Präsidenten des BFC Preussen nun gut gefüllt. Die Mitglieder wählen den Holzgroßhändler *Richard Wanderer* zum neuen Präsidenten und vertrauen unserem Helden wieder das Amt des Vizepräsidenten an. *Richard Wanderer* ist ebenfalls ein alter Fußballer und war unserem Helden bisher nur aufgefallen durch sein großes Holzlager, das auf dem Preussenplatz hinter dem Stadion lagerte. Mit der Lagermiete sponserte er den Verein, außerdem auch mit zwei kräftigen Söhnen, die im Fußball und im Tennis aktiv waren. Ihn selbst hatte er bisher nur am Stammtisch der Altpreussen kennengelernt.

Zwischendurch führt unser Held nebenbei seine Handballer zu neuen Ufern. Erstmalig spielen die Jugendmannschaften in der höchsten Berliner Spielklasse, der Oberliga. Da die Handballabteilung auch ständig wächst, hatte unser Held für seine Handballer auch zwischenzeitlich ein eigenes Büro mit eigenem Telefon im Preussenhaus eingerichtet. Die Firma Görwitz hatte auch ein großes Kopiergerät zur Verfügung gestellt.

Nebenbei organisiert er auch 1964 die 2. Leichtathletik-Meisterschaften aller Preussen, die wieder ein voller Erfolg wurden und vor vielen Zuschauern mit vielen Teilnehmern im großen Stadion stattfinden. Die Handballer holen übrigens den Mannschaftspokal vor den Fußballern und den Leichtathleten.

Bei Preussen lief also alles rund und so dachte unser Held dann 1965, es wäre Zeit, mal wieder etwas für die Kultur zu tun, das Blickfeld zu erweitern und wieder andere Länder und andere Kulturen kennen zu lernen. Aus diesem Grunde stellte er diesmal ein komplettes Handballteam für seine zweite große Europaschleife zusammen. Da waren der *Jürgen,* der *Bernd,* der *Hanjörg* und sein vierzehnjähriger Patensohn *Freddy.* Die brauchten dann aber auch ein größeres Gefährt. Diesmal war es ein Opel Kapitän und der war erst drei Jahre alt und sollte sie über 8500 Kilometer quer durch Europa tragen.

Der Sommer 1965 war schön warm und los ging es über die dem Leser schon bekannte Strecke von Berlin über Werne (!!!) nach Brüssel und über Amsterdam nach Paris. Hier wurden wieder drei Tage Urlaub eingelegt, dann ging es weiter nach Biarritz, wo das obligatorische kühle Bad im Atlantik eingenommen wurde. Nur fuhren sie diesmal direkt mit dem Auto bis in die Fluten (von wegen des Kapitäns).

Von dort ging es wieder über die Pyrenäen nach San Sebastian bis nach Madrid. Ab hier änderte sich dann die Route. Nicht zum Mittelmeer ging es diesmal, sondern durch endlose Eukalyptuswälder zur Hauptstadt von Portugal, nach Lissabon.

Lissabon mit seinen 85 Quadratkilometern liegt an der Tejomündung in der Nähe zweier gefährlicher tektonischer Verwerfungen, wurde 1256 von König Alfonso III zur portugiesischen Hauptstadt erkoren und 1755 von einem gewaltigen Erdbeben fast dem wirtschaftlichen Niedergang ausgesetzt. Das Wahrzeichen des Tors zum Atlantik ist das riesige Columbus-Denkmal am Hafen. Von hier ging es dereinst zur Entdeckung Amerikas. Die neue Salazar-Brücke war 1965 noch im Bau; unsere Helden mussten bei der Einfahrt nach Lissabon noch über die alte Tejo-Brücke in die Stadt einfahren und noch Brückenzoll bezahlen. Nach einem ausgiebigen Stadtbummel zogen sie sich in eine der schönen Buchten an der Algarve-Küste zurück zu einem erfrischenden Bad im Atlantik.

Am nächsten Tag ging es zurück nach Spanien und über Sevilla weiter nach Gibraltar, wo sie wieder auf dem Campingplatz von 1963 in der Nähe von Algeciras ihr Zelt aufschlugen. Von *Pepe* und seinem *Opa Jose* wurde unser Held begeistert begrüßt. Eine Woche lang ließen sie die Seele baumeln. Dann setzten sie, diesmal mit dem Auto, nach Afrika über und machten dort eine kleine Rundreise durch Marokko von Tétouan über Rabat nach Marrakesch und Casablanca und zurück nach Tétouan. Dort angekommen, war ihre Fähre schon weg und sie mussten auf der Fährbank im Hafen von Ceuta übernachten und konnten erst am anderen Morgen wieder zurück auf den europäischen Kontinent. Auf dem Campingplatz gab es dann noch fünf Tage Erholung, ehe es wieder zurück nach Deutschland ging, diesmal aber über Madrid und Paris. Nach 8500 Kilometern und sechs Wochen Touring trafen sie dann, um viele kulturelle Erlebnisse reicher, wieder in Berlin ein.

Kapitel 19 – Uschi kommt ins Spiel

Bei den Preussen hatte zwischenzeitlich der Sensenmann weiter sein Regiment geführt. Im März 1966 stirbt *Richard Wanderer* und erneut übernimmt unser Held die Spitze des Vereins. Wenig später, im Mai 1966, stirbt auch der langjährige Chefredakteur der Preussenzeitung, *Bruno Zipf*. Auch diesen Job übernimmt unser Held und führt die Zeitung zu neuen Ufern. Er macht sie zum Forum aller Preussen bis zum Jahre 2000, wo sie dann aus finanziellen Gründen eingestellt werden muss. Aber keine Bange, zu diesem Zeitpunkt hat er bereits das Internetzeitalter für die Preussen eingeleitet, zunächst für die Handballer und ab 2004 für alle Preussen. Der Handball-Newsletter, heute herausgegeben vom Freundeskreis der Handballer, ist auch heute noch ein beredtes Zeichen für diese Arbeit.

Bei der 3. und 4.Leichtathletik-Meisterschaft ist beim Lauf um die *„Preussenmeile"* die gesamte Berliner Läuferelite am Start. Die Organisation hat mittlerweile die wieder gewachsene Leichtathletikabteilung unter *Helmut Thurein* übernommen. *Helmuth Thurein* selbst war in den zwanziger und dreißiger Jahren ein berühmter Leichtathlet und Hockeyspieler der Preussen und weit über die Grenzen Deutschlands bekannt.

Die Handballer, inzwischen auf 164 Mitglieder angewachsen, haben seit 1966 auch wieder weiblichen Handball im Programm. Mit dabei auch eine 17-jährige Uschi, die Jahre später auch noch eine entscheidende Rolle für unseren Helden und für die Handballer der Preussen spielen wird. Auch im Fußball feiern die Preussen in diesen Jahren viele Erfolge und die 1.Männer der Fußballer werden 1967 Berliner Meister.

Das Präsidium stiftet als Anerkennung für die Mannschaft nebst Anhang eine viertägige Reise nach London. Somit kommen unser Held und seine *Uschi* auch noch zu einem Sonderurlaub. Für den Handballboss ist es sein zweiter Aufenthalt in der britischen Hauptstadt. Höhepunkt des Aufenthaltes wird ein Besuch des Fußballländerspiels der Jugendnationalmannschaften von Deutschland und England im ausverkauften Wembleystadion.

Nur wenige Monate nach seiner Wahl zum neuen Präsidenten des BFC Preussen verunglückt der ehemalige Jugendleiter der Fußballer, der Blumengroßhändler *Eduard Wolf* im November 1967 auf einer Sportreise der Fußballer tödlich und unser Held übernimmt zum dritten Mal die Führung aller Preussen. Diesmal dauert es eine Weile, ehe dann die Mitglieder 1969 mit dem Architekten *Gerhard Friedrich* von der Tennisabteilung einen neuen Präsidenten wählen. Unser Held wird wieder Vize und ist dann bis 1975 Vizepräsident des BFC Preussen. Gelernt hat er diese Führungseigenschaften bereits früh, denn in den Jahren 1953 bis 1957 war er bereits über einen längeren Zeitraum Präsident des Berliner Berufsschulparlaments.

1970 hat er dann geheiratet, und zwar jene Uschi, die er 1966 beim Handball bei den Preussen kennengelernt hat. Seine Mutter erlebt dieses Ereignis leider nicht mehr. 1968 verlässt sie nach schwerer Krankheit diese Welt für immer.

Unter dem Motto *„Drum prüfe, wer sich ewig bindet, ob sich kein Haken an der Bindung findet"*, unternahm er mit seiner *Uschi* noch einen gemeinsamen Urlaub auf der schönen Insel Mallorca. Badeurlaub war leider nicht so doll, da eine bösartige Strömung Unmengen von Algen an den Strand spülte. So zog man in das Innere des Landes und genoss herrliche Tage auf einer großen Hazienda und lernte, viel Wein aus Ziegenlederflaschen zu trinken.

Auch eine Reitschule stand zur Verfügung und unser Held saß zum ersten Mal in seinem Leben auf einem Pferd. Den bekannten Spruch, *„Auf dem Rücken der Pferde liegt das Glück dieser Erde"* konnte unser Held nicht bestätigen. Er hatte schon genügend Probleme beim Besteigen und beim Verlassen dieses Fortbewegungsmittels und fütterte es lieber von unten, was auch dem Gaul viel besser gefiel.

Ansonsten ließen zwei Wochen des Zusammenseins ihren Mut wachsen, den großen Schritt zu wagen. Heute, fast 45 Jahre danach, besteht diese Wohngemeinschaft noch immer. Man hat sich, wie man so schön sagt, zusammengerauft.

Die Hochzeitsreise war dann auch, wie nicht anders zu erwarten, eine europäische Autoreise, diesmal mit seinem Opel Kapitän, mit dem es über 3000 Kilometer nach Sutomore in Jugoslawiens äußerten Osten, direkt an der albanischen Grenze, ging. Es war eine herrliche Fahrt entlang der gesamten Adria Magistrale über die malerische Bucht von Kotor, in der während des 2. Weltkrieges die gesamte jugoslawische Flotte versteckt lag. Um nicht die gesamte riesige Bucht umrunden zu müssen, setzten sie am Meereseintritt mit einer abenteuerlichen Fähre aus zwei zusammengebundenen Fischerbooten über und besuchten dann die Perle der Adria, Dubrovnik, wo sie sich ausgiebig von der Kultur bestäuben ließen. Sie besuchten Europas älteste Apotheke, bewunderten die am Stadteingang in voller Frucht stehenden Zitronenbäume, fuhren zum einzigen Sandbadestrand Jugoslawiens, nach Sutomore und machten schöne Ausflügen nach Montenegro.

Eingeladen wurden sie vom berühmten *„Hemingway der Adria"*, den unser Held noch aus Natascha-Zeiten kannte. Es war eine herrliche Zeit und wieder ein tiefes Eintauchen in die Kultur fremder Länder und ihrer Menschen. Jugoslawien war damals noch ein Land unter Marschall Tito.

Beim gemeinsamen Sommerurlaub 1972 war dann die Nordseeinsel Baltrum das Ziel. Man wollte in der Stille der Nordsee in aller Ruhe die olympischen Spiele in München am Fernseher betrachten und auch Familienplanung war ein ernstes Thema, in ruhiger Lage bei würziger gesunder Nordseeluft auf einer autofreien Insel im Wattenmeer.

Die Idylle und damit auch die Fernsehübertragungen aus München von der Olympiade wurden jäh unterbrochen durch den tödlichen Anschlag auf die israelische Olympiamannschaft. Zeit also, sich voll auf die Familienplanung zu konzentrieren. Das Ergebnis hatten sie dann neun Monate später im Arm. *Stefan* trat im Klinikum Steglitz in diese Welt. Blond, blauäugig, groß und stark, eben wie sich die Preussen ihren Handballnachwuchs vorstellten. Darum legten die Preussen ihm am 17. Juni 1973 auch gleich ein Eintrittsformular mit in die Wiege, nachdem sie nach Spiel und Sieg im Preussen-Casino bei geistigen Getränken auf die erlösende Nachricht gewartet hatten.

Kapitel 20 – Auf ins Heilige Land

Dieser Geburtstermin war ein bedeutsamer Tag, im wahrsten Sinne des Wortes. Einmal Erinnerung an den Volksaufstand vom 17. Juni 1953, als Bauarbeiter aus Hennigsdorf auf der Berliner Stalinallee den Volksaufstand in der „DDR" initiierten, um das kommunistische Regime in Ostberlin zu stürzen. Die Russen haben damals diesen Aufstand mit ihren Panzern blutig niedergeschlagen.

Zum zweiten: Ein neuer Preusse hatte das Licht der Welt erblickt. Er sollte in einigen Jahren auch für viele Tore, Siege und Meisterschaften seiner Preussenhandballer mitverantwortlich sein. Er trug auch ein wenig mit dazu bei, als in Deutschland viele Jahre später dann Weltgeschichte geschrieben wurde, als er in Braunschweig 1988 zu der Mannschaft gehörte, die damals als C-Jugend im Endspiel des größten internationalen Jugendturniers in Deutschland den jugoslawischen Meister Dynamo Pancevo schlug. Sein Vater erwies sich beim anschließenden Festakt mit den Verantwortlichen des Europapokalsiegers Granitas

Kaunas, die ebenfalls Gast dieses Turniers waren, an der Theke der Feldschlösschen Brauerei als ebenso trinkfest und verhandlungshart wie diese und schloss an diesem Abend eine enge Freundschaft, die in der Wiedervereinigung Deutschlands verinnerlicht wurde und über viele Jahre ein fester Bestandteil in den Sportbeziehungen Litauens, damals noch Sowjetrepublik, mit den Preussen aus Berlin geworden ist.

1979 sollte Sohn *Stefan*, bevor er den Ernst des Lebens kennenlernen sollte, auch mit genügend Kultur bedacht werden, damit auch er später im Leben davon profitieren konnte und auch er seinen Preussen etwas zu erzählen hatte. Es ging ins Heilige Land, nach Israel. Zunächst musste man nach München und um den ganzen Grenzübergängen der „DDR" aus dem Wege zu gehen, nahm man den Flieger. Dann wollten sie mit der EL AL nach Tel Aviv. Da wurde ihnen in München aber gezeigt, dass die Grenzkontrollen der „DDR" ein Zuckerschlecken gegen das waren, was die Israelis mit ihnen veranstalteten! Nach zwei Stunden hob der Flieger endlich ab und los ging es in Richtung Israel. Bei herrlichem Sonnenschein ging es über die schneebedeckten und im Sonnenglanz liegenden Gipfel der Alpen und immer entlang der Küsten des Mittelmeeres nach Tel Aviv, wo man vier Stunden später eintraf.

Israel ist einer der heißesten politischen Brennpunkte der Erde, ein Brennpunkt zwischen den Kontinenten von Afrika und Asien. Eingebettet von Feinden, dem Libanon und Syrien im Norden, im Osten angrenzend an Jordanien und im Süden an die Sinai-Halbinsel von Ägypten und dem Roten Meer und im Westen begrenzt durch den Gazastreifen der Palästinenser und das Mittelmeer, war und ist Israel das Pulverfass des nahen Ostens.

Als sie es 1979 besuchten, herrschte gerade trügerische Ruhe. Sie wollten die Chance wahrnehmen, dieses an weltlicher und religiöser Kultur so reiche Land ihrem Horizont näherzubringen. Das gelobte Land ist nicht größer als Hessen, mit seiner Hauptstadt Jerusalem und dem Regierungssitz in Tel Aviv, in das vor rund 3000 Jahren laut Bibel Moses mit dem Volk Israel aus ägyptischer Gefangenschaft kommend gezogen war. Es erhielt am 14.5.1948 laut einer Resolution der UN seine demokratische und völkerrechtliche Legimitation und sein staatliches Existenzrecht.

Als sie in Tel Aviv mit großem Holpern auf der Landebahn ausrollten, gab es viel Beifall von den Passagieren. Auf dem Gesicht unseres Helden zeichnete sich darüber viel Unverständnis ab. Aber er beruhigte sich schnell und überlegte, wie der Pilot wohl sonst hier landen würde. Ihm kam es eher wie ein Kampfeinsatz vor. Das Auschecken ging dann aber doch sehr schnell und mit einem Reisebus ging es in das 30 Kilometer entfernte Hotel nach Netanya, einer kleinen Ortschaft am Mittelmeer mit einem sagenhaften Strand. Ein Swimmingpool für ein abendliches Bad war auch vorhanden, den Vater und Sohn sofort weidlich nutzten. Die erste Woche diente der Erholung und in den letzten beiden Wochen wollten sie sich der kulturellen Erbauung widmen.

Die Tage verbrachte man meistens am herrlichen Strand. Im seichten Wasser des Mittelmeeres machte sich Sohnemann *Stefan* an seine ersten Schwimmversuche. Bei 40 Grad im Schatten hatten sie einen schönen Schattenplatz unter einem Holzpilz gefunden. Um sie herum lagen etliche schwarze Frauen. Bei näherem Hinsehen erkannte man: das waren keine schwarzen Frauen, die waren allesamt Sonnenanbeter und verbrannt. Einige Israeli suchten, nach dem sie die Deutschen erkannt hatten, schnell Kontakt und warfen immer Fragen nach Deutschland auf. Nie waren irgendwelche Vorurteile zu hören, wie man es von vielen Politikern leider zu oft immer wieder hört.

Die Abende verbrachte unser Held oft an der Hotelbar, wo er mit vielen jungen Israeli ins Gespräch kam. Eines Tages unterhielt er sich mit einem, der, wie sich herausstellte, Pressechef der Polizei von Netanya war. Unser Held stellte sich dann als Berliner Polizist vor und schnell war man sich einig, dass er am nächsten Tag das Polizeirevier besuchen sollte. So erschien unser Held dann auf der Polizeiwache und wurde

von den Kollegen herzlich begrüßt. Man hatte auch einen Deutsch spre-
chenden Kollegen gefunden, der sich um unseren Helden kümmern
sollte. Er hieß Ismael und es entstand ein reger und interessanter Erfah-
rungsaustausch. Für den nächsten Tag wurde er von einer bildhübschen
Polizistin eingeladen, mit ihr auf Streife zu fahren.

Am nächsten Tag stand ein toller Amischlitten mit Blaulicht und Martinshorn vor dem Hotel. Die heiße Braut fuhr völlig allein auf Streife,
aber immer nur tags über, und genoss viel Respekt bei der Bevölkerung. So begleitete unser Held den weiblichen James Bond bei einigen
Einsätzen, lernte auch noch andere Reviere kennen und staunte über die
teilweise mittelalterliche Ausrüstung der israelischen Polizei. Kollege
Ismael zeigte ihm dann noch einige Polizeistationen und fragte ihn viel
über Deutschland und Berlin aus, da er demnächst auf ein Seminar nach
Deutschland fahren würde. Für den Abend lud er ihn dann ein, mit Frau
und Kind seine Familie zu besuchen zu einem kleinen Umtrunk

Unser Held nahm dankend an und am Abend erschien er dann mit Frau
und Stefan zum Familienumtrunk. Obwohl Ismael der einzige war der
deutsch konnte, wurde es ein interessanter Abend. Sein Sohn war in etwa gleichaltrig wie *Stefan* und obwohl keiner von beiden die Sprache
des anderen beherrschte, spielten sie großartig und mit Begeisterung
miteinander.

Plötzlich unterbrach ein schrilles Klingeln des Telefons die vergnüg-
liche Stimmung. *Ismael* bekam einen Alarmanruf wegen des Verdachts
eines Bombenanschlages. Auf dem Busbahnhof in Tel Aviv war ein her-
renloser Koffer in einem Bus gefunden worden. In Berlin hätte unser
Held den Koffer aus dem Gepäcknetz gezogen und geöffnet. Anders in
Israel, da man hier schon schlechte Erfahrungen mit den unmöglichsten
Terroranschlägen gemacht hatte. Heute wird so etwas in Berlin auch
mit mehr Vorsicht behandelt. Es wurde also Bombenalarm gegeben,
und da Ismael Leiter des Sicherheitsdienstes war, wurde er alarmiert
und zum Ort beordert. Die Frage, ob er mitkommen wolle, hat unser

Held natürlich begeistert bejaht. Schnell wurden Frau und Kind in das Alarmauto befördert und mit Blaulicht und Martinshorn *(Stefan* war total begeistert) ging es zunächst zum Hotel, wo *Uschi* und *Stefan* ausgeladen wurden, und dann ging die wilde Fahrt weiter zum Busbahnhof nach Tel Aviv. Dort eingetroffen wurde unser Held mit Stahlhelm und Panzerweste ausgerüstet und dem Einsatzleiter als Gastoffizier aus Berlin vorgestellt. Inzwischen war auch ein Bombenroboter eingetroffen. Alles ging hinter geparkten Bussen in Deckung. Ein besonders gesicherter Beamter ging in den Bus und legte Klemmkabel an den Koffer. Dann ging auch er in Deckung und zog mittels des Roboters den Koffer aus dem Gepäcknetz. Der Koffer fiel auf den Boden und platzte auf. Unwillkürlich zog unser Held den Kopf ein, aber es gab keine Explosion. Der Koffer war voller Wäsche. *„Das war's",* sagte *Ismael* und blies den Alarm ab. Er bemerkte noch, *„Lieber so als den großen Knall".* Dann brachte er unseren Helden zurück und man verabschiedete sich herzlich bis auf ein eventuelles Wiedersehen in Berlin. Im Hotel angekommen musste er natürlich Stefan alles haargenau erzählen und als er dann abends im Bett lag, dachte er noch, **wenn ich das meinen Preussen erzähle.**

Am nächsten Tag war eine Busfahrt über Be'er Scheva zum Toten Meer geplant. Mit dem Bus ging es nun an den Rand der Negevwüste, um später weiter an das Tote Meer zu fahren. In Be'er Scheva besuchten sie einen riesigen Tier- und Gemüsemarkt. Hier präsentierte sich die riesige Vielfalt der israelischen Landwirtschaft, die dank ihrer Vielfalt und der technisch hochentwickelten Bewässerungsanlagen dem in weiten Flächen unfruchtbaren Boden jährlich zwei Ernten abrang. Wir konnten Mohrrüben entdecken, das waren Riesengranaten, und Radieschen groß wie kleine Äpfel. Auf den Schultern seines Vaters ritt *Stefan* durch ein unübersehbares Gewimmel von Menschen und hätte am liebsten ein kleines Schaf mitgenommen.

Weiter ging es durch die Negev-Wüste ins Gebirge. Von dort oben konnte man dann den tiefsten Punkt Israels und der Welt, 420 Meter unter Meeresspiegel, das Tote Meer, bewundern. Der Meeresgrund liegt bei circa minus 794 Metern. Es ist ein reiner abflussfreier Salzsee, der auszutrocknen droht und nur vom See Genezareth über den Jordan mit Süßwasser angereichert wird. Er hat eine Größe von circa 800 Quadratkilometern. Die Wassertemperatur liegt je nach Jahreszeit zwischen 25 und 39 Grad. Als unsere Heldenfamilie da war, war das reine Badewannenwassertemperatur und das nutzten sie dann auch weidlich aus.

Das Baden im Toten Meer ist echt interessant. Man geht nicht unter, aber Brustschwimmen sollte man tunlichst vermeiden, das könnte einem den ganzen Urlaub versalzen. Nach dem Bad wurde kräftig der ganze Körper mit dickem Salzschlamm eingeschmiert und in der Sonne getrocknet und dann mit Süßwasser abgespült. Macht müde Männer angeblich wieder munter.

Dann ging es weiter mit dem Bus zum Besuch der Festung Masada und der Höhlen von Qurman, wo angeblich die heiligen Schriften gefunden wurden. Nach einer ausgiebigen Pause in einer herrlichen Oase ging es dann noch zur Jordanmündung, wo der Jordan in das Tote Meer fließt. Der Jordan ist an vielen Stellen nicht breiter als die Panke. Für einen guten Weitspringer sicher kein großes Hindernis. Die Spree ist dagegen ein großer Strom, von der Havel ganz zu schweigen. Danach ging es wieder zurück nach Netanja. Ein ereignisreicher Tag mit viel Kultur, der dann in einem erholsamen Abendbad im Hotelswimmingpool mit einer Schwimmstunde für den Sohnemann endete. **Da gab es wieder viel für meine Preussen zu erzählen.**

Bei der nächsten Kulturstunde stand dann am nächsten Tag ein Besuch von Jerusalem auf dem Programm. Jerusalem, die Heilige Stadt, der absolute Kulturhöhepunkt der Israelreise unseres Helden. Mit seinen rund 800.000 Einwohnern ist die Hauptstadt des Staates Israel und liegt in den judäischen Bergen zwischen dem Toten Meer und dem Mittelmeer.

Hier ist der Sitz des Staatspräsidenten und der Knesset (Parlament). Hier finden wir auch die berühmte Holocaustgedenkstätte *Yad Vashem.* Viele Kulturen der Antike und der Moderne treffen hier aufeinander.

Die von einer Mauer umgebene Altstadt ist unterteilt in ein jüdisches, ein christliches, ein armenisches und ein muslimisches Viertel. Der politische Status von Jerusalem ist international umstritten und Teil des Nahostkonfliktes. Die gemäßigten Palästinenser sehen die Altstadt als die Hauptstadt eines noch zu gründenden Staates Palästina, während die radikalen Palästinenser ganz Jerusalem als Hauptstadt des zu gründenden Staates Palästina sehen.

Die ersten Erwähnungen findet Jerusalem bereits im 18. Jahrhundert vor Christi. Für die Christen dieser Welt ist Jerusalem das Ende des Weges von Jesus Christi von Nazareth. Hier fand auch das berühmte Abendmahl statt. Heute ist Jerusalem, das auf eine 7000-jährige Geschichte zurückblicken kann, von der UNESCO zum Weltkulturerbe erklärt worden. Im Januar 1950 hatte Israel Jerusalem zur Hauptstadt des Staates Israel erklärt und dies wurde dann auch international 1952 anerkannt.

Vom Tempelberg hat man dann einen herrlichen Überblick über die Altstadt und die Neustadt. Im Hintergrund sieht man die goldene Kuppel des Felsendoms, davor die berühmte 400 Meter lange Klagemauer, an der die Juden 1967 nach dem Sechstagekrieg erstmals beten konnten. An der Klagemauer hat unser Held dann auch einen Zettel für eine überirdische Macht in einer Steinritze versteckt. Über den Inhalt darf spekuliert werden, wird aber nichts verraten.

Vom Tempelberg sieht man auch die Züge der Via Dolorosa, dem Leidensweg von Jesus, auf dem er über neun Stationen sein Kreuz zur Grabeskirche zum Golgatha getragen haben soll. Jerusalem war für Jesus der Anfang und das Ende seines Lebens und der Ort für die angebliche Auferstehung. Unser Held ist natürlich auch mit seiner Familie auf den

Spuren der Kulturen gewandelt, wobei der Weg über die Via Dolorosa auch ohne das Kreuz beschwerlich genug war.

Das war ein langer Tag für die kulturelle Bildung und am Abend ging es dann mit dem Bus zurück nach Netanja, wo man im Swimmingpool noch einen erholsamen Abschluss des ereignisreichen Tages fand. Auf dem Rücken liegend döste unser Held durch das angenehm temperierte Wasser und dachte, **Mensch, wenn ich das daheim meinen Preussen erzähle.**

Am nächsten Tag ging es dann zum letzten Ausflug. Geplant war ein Besuch der Golanhöhen und des Sees Genezareth. Bei den Golanhöhen handelt es sich um eine dünn besiedelte Hügellandschaft, die 1967 während des Sechstagekrieges von Israel annektiert wurde. Sie bilden die nördliche Grenze zu Syrien und sind bei einer durchschnittlichen Höhe von 1000 Metern sechzig Kilometer lang und im Schnitt 25 Kilometer breit. Die höchste Erhebung ist der Berg Hermon mit 2814 Metern Höhe, auf dem sich heute das einzige Skigebiet Israels befindet. Der Höhenzug ist auch heute noch von vielen Stellungen und Höhlen durchzogen. Die Temperaturen außerhalb der Höhlen liegen weit über 40 Grad, während in den Höhlen angenehme Temperaturen herrschen, die einen Stellungskrieg aushaltbar machten.

Nach einer ausgiebigen Besichtigung ging die Fahrt dann weiter zum See Genezareth. Er ist mit 212 Metern unter Meeresspiegel der tiefst gelegene Süßwassersee der Erde und misst in der Länge 21 Kilometer, an seiner breitesten Stelle ist er 12 Kilometer breit. Der See hat eine Tiefe von 42 Metern und dient dem Staat Israel und vor allem dem Großraum Tel Aviv als Trinkwasserreservoir, wobei dieses sehr vorsichtig genutzt werden muss, da das Tiefenwasser des Sees aus Salzwasser besteht. Wenn man zu viel Wasser entnimmt, droht der See zu kippen und zum Salzsee zu werden. Deshalb darf eine sogenannte schwarze Linie nicht unterschritten werden. Im Norden erfährt der See seinen Zufluss durch den Jordan, der ihn dann im Süden wieder in

Richtung Totes Meer verlässt. Der See Genezareth genießt eine lange und alte religiöse Geschichte und auch Jesus soll in dieser Gegend viel gewirkt haben.

Vom Osten, von den Golanhöhen kommend, erreichte unsere Heldenfamilie den See in einem der vielen Fischerdörfer, denn der See ist sehr fischreich. Der *Petrifisch* wird hier als besondere Delikatesse angeboten, der aber bei unserem Helden keine Begeisterung auslöste, da der Fisch fast nur aus Gräten besteht. So nutzte man in einer malerischen Felsenbucht den Tag zu einem angenehmen Badetag.

Damit war der kulturelle Teil dieses Urlaubs abgehakt und man nutzte die restlichen fünf Tage noch für eine herrliche Badezeit am Strand des Mittelmeeres. Dann ging es wieder nach Tel Aviv und mit dem Flieger nach München. Hier wartete schon der Berlinflieger dringend auf Passagiere und mit nur 22 Passagieren ging es dann zurück nach Berlin. So hatten sie dann einen bequemen Rückflug und *Stefan* durfte sogar zum Kapitän in das Cockpit und von dort begeistert den Flug verfolgen.

Wieder zurück in der Emilienstraße in Marienfelde wurde dann bei einem Glas Rotwein und einem kräftigen „Plötz" noch ein wenig geplaudert, ehe unser Held dann im Bett noch daran dachte – **wenn ich das meinen Preussen erzähle.**

Kapitel 21 – Sven, neues Mitglied der Familie und neue Veranstaltungen

Jetzt müssen wir uns aber wieder den Preussen und der Polizei zuwenden, denn auch hier standen große Dinge bevor.

1980 legte unser Held dann die Arbeit bei den Handballern aus der Hand um dem Funktionärsnachwuchs eine Chance zu geben. Ein gewisser *Jörg Bieder* und *Evi Weber* hatten sich zwischenzeitlich in der Jugendabteilung profiliert und wollten im Süden von Berlin neue Wege gehen. Unser Held war diesen Ideen zwar auch zugänglich, aber ihm schwebten andere Wege zu diesen Zielen vor und er wollte diese Wege unter Führung des BFC Preussen gehen. Er wollte ihren Ideen aber nicht im Wege stehen und zog sich aus der Vorstandsarbeit zurück und widmete sich mehr seinen neuen Aufgaben als Pressewart des Gesamt-vereins und hier vor allem der Organisation von sportlichen Großver-anstaltungen und der weiteren Verbesserung der Preussenzeitung. Fer-ner wollte er sich selbst noch einmal auf Nachwuchs konzentrieren. Den hat er dann 1984 praktisch eigenhändig im Kreißsaal des Neuköll-ner Krankenhauses zur Welt gebracht. Der neue Plötz mit Namen *Sven* sprang förmlich in diese Welt wie ein Handballtorwart. Das war dann auch für viele Jahre seine Bestimmung, selbstverständlich als Hand-balltorwart bei den Preussen.

Aber zunächst übernahm sein Vater viele neue Tätigkeiten beim Haupt-verein. Er gründete 1984 den Presserat zur Organisation sportlicher Großveranstaltungen. Sogleich wird der alljährlich wiederkehrende „Tag des Sports" beim BFC Preussen gegründet, der immer tausende Zuschauer nach Lankwitz ins Stadion an der Malteserstraße locken sollte.

Diese Veranstaltung auf dem Preussengelände fand großen Anklang bei den Sportlern und der Öffentlichkeit, auch über den Berliner Raum hinaus. Wie weiland in der legendären Katzbachstraße in Kreuzberg, finden nun Radrennen auf dem Ascheoval in Lankwitz statt. Die Eis-schnelllauf-Abteilung holte dazu die deutsche Eisschnelllauf-Elite aufs Rennrad nach Lankwitz und daneben viele prominente Radrennfahrer, beim Lauf um die *Preussenmeile* ist Berlins Läuferspitze am Start und auch ein Showprogramm der besonderen Art umrahmt diese Veran-staltung. Unser Held nutzt seine Beziehungen: Die weltberühmte Mo-torradstaffel der Berliner Polizei zeigt ihre Darbietungen und begeistert die Zuschauer, ebenso die Hundestaffel der Berliner Polizei. Berühmte Hochseilartisten aus Teltow zeigen ihre Künste.

Schirmherr und ständiger Gast dieser Tage beim BFC Preussen war der Regierende Bürgermeister von Berlin *Eberhard Diepgen,* und auch sonst war viel begeisterte Prominenz aus der Politik anwesend, wie der Steglitzer Bürgermeister *Klaus Dieter Friedrich,* dazu konnte unser Held im Stadion an der Malteserstraße jeweils bis zu 4000 Zuschauer begrüßen. *Eberhard Diepgen* stellt mit Junior *Stefan* den ersten Preussen-Sportkalender der Öffentlichkeit vor, der mit vielen sportlichen Motiven von Preussen-Sportlern illustriert ist.

Tag des Sports 1986 beim BFC Preussen: Pressechef Plötz empfängt den Regierenden Bürgermeister von Berlin, Eberhard Diepgen. Stefan Plötz überreicht als Erinnerung den Preussen-Sportkalender 1987. (Foto: privat)

Am 2.11.1981 wird der Gewerkschaftsführer *Heiner Schulze* neuer Preussen-Präsident und unser Held, der inzwischen viel Spaß an seiner neuen Arbeit gefunden hat, wo er endlich ohne Ende organisieren kann, bleibt Pressechef des BFC Preussen.

Noch eine Veranstaltung wird von ihm ins Leben gerufen. Einmal im Jahr sagt der BFC Preussen DANKE und ruft Prominente aus Sport und Politik zu einem tollen Grillabend ins Preussenstadion. Extra zu diesem Anlass haben die Preussen in der Westkurve des Stadions einen großen und überdachten Grillplatz in Eigenarbeit gebaut. Unser Held rief und viele, viele kamen. Dauergast war u.a. immer unser Bezirksbürgermeister *Klaus-Dieter Friedrich* und viele prominente Sportler der verschiedensten Sportarten.

Noch ein weiterer Dauerbrenner wurde von ihm ins Leben gerufen. In einem großen Festakt auf dem jährlichen Winterball der Preussen in den Festsälen der Trabrennbahn Mariendorf küren die Preussen künftig ihre „*Sportler des Jahres*". Erste „*Sportlerin des Jahres*" wird die Leichtathletin und mehrfache Deutsche Meisterin *Daniela Kluß,* „*Sportler des Jahres*" wird der Fußballjugendnationalspieler *Frank Schwabe.*

1985 wählen die Preussen einen neuen Präsidenten. Steuerberater *Helge Rippel* wird neuer Chef der Preussen. Im gleichen Jahr schließt Sohn Stefan seine Grundschule ab und wechselt auf das Sportgymnasium Luise-Henriette nach Tempelhof, wo er auch viele bekannte Handballer aus dem Süden Berlins trifft. Mit ihnen zusammen feiert er viele Erfolge bei den Berliner Schulmeisterschaften.

Kapitel 22 – Und wieder in London

Für diesen ersten erfolgreichen Leistungsschritt spendiert unser Held seinem Sohn eine 14-tägige Flugreise nach London. Oma Hertha legt noch was drauf, damit auch sein Cousin *Heiko* mitfahren kann, damit er einen gleichaltrigen Partner in der fremden Stadt hat. In der Nähe des Hyde-Parks kommen sie in einem kleinen Hotel unter. Die Jungs finden sich schnell zurecht und freunden sich mit dem Hausmeister an. Sie helfen ihm bei vielen Dingen des Alltags, und er erzählt ihnen dafür viel über die Stadt an der Themse und fördert ihre englischen Sprachkenntnisse.

Unser Held hat inzwischen eine Bekannte aus Berlin getroffen, die in London einen Teil ihrer Hotelfachausbildung durchführte. Die Ausflüge werden jetzt immer zu viert unternommen. Unter anderem wollen sie auch Downing Street Nr. 10, dem Amtssitz des englischen Premierministers, einen Besuch abstatten, aber auf Grund von Sicherheitsfragen ist alles weiträumig abgesperrt.

Aber unser Held weiß wie immer Rat. Er hatte vorsichtshalber seinen Dienstausweis mitgenommen. Diesen zeigt er dann an der Absperrung einem der dort stehenden Bobbys und erklärt ihm, wer er sei und dass er seinem Sohn gerne das Haus des Premierministers zeigen würde. Ein kurzes Funkgespräch, und dann öffnet sich für die drei die Absperrung. Unter den erstaunten Augen der Umstehenden (Welche Prominenten mögen das wohl sein, die da durch dürfen?) treten unsere Helden durch und werden vor Nr. 10 vom Chefbobby *Mister Brown* empfangen. Dieser erzählt ihnen einiges über Number Ten, und zum Abschied wird noch ein gemeinsames Foto gemacht. Die Jungs sind beeindruckt. Wie sagt doch unser Held immer? *„Organisation ist eben alles."*

Am nächsten Tag fahren sie mit der Subway zu *Madame Tussauds* ins Wachsfigurenkabinett. Die Jungs bewundern natürlich erst die Fußballer *Pele* und *Beckenbauer.* Die anderen Persönlichkeiten der Weltgeschichte muss ihnen unser Held oft erklären, aber es ist Wahnsinn, wie echt die alle wirken. Man kann glauben, sie würden jeden Augenblick auf einen zutreten und ein Gespräch anfangen. Nur an den Händen konnte man erkennen, dass sie aus Wachs waren. So setzten sich die Jungs dann zur Königsfamilie und plauderten mit der Queen. *„Vater, wirst Du hier auch eines Tages als der große Preusse stehen?"*, erklang es aus dem Mund von *Stefan. „Nee, denke ich nicht, die werden nicht genug Wachs haben"*, tönte dieser zurück. Tags darauf ging es dann in einem offenen roten Doppeldecker auf eine vierstündige sehr interessante Stadtrundfahrt, wo sie viel über die mit 8,3 Millionen Einwohnern größte Weltmetropole der EU erfuhren.

Am Nachmittag bummelten sie über die Tower Bridge und die Themse, statteten dem Tower einen Besuch ab und besichtigten die Kronjuwelen. Tags drauf bummelten sie tagsüber durch Covent Garden und bewunderten einen Snob, der einen Fuchs an der Leine führte. Dann verspürten sie Hunger, und da hatten sie sich wegen der tollen Essensqualität der Engländer einen besonderen Plan ausgedacht. Im Hotel gab es morgens immer ein sehr reichhaltiges kontinentales Frühstücksbuffet. Das war so reichhaltig, dass die Jungs immer genug fürs Abendbrot mit aufs Zimmer nahmen, und zu Mittag war man Stammgast bei McDonalds in der Oxfordstreet.

So kam man trotz der *„abenteuerlichen"* englischen Küche gut über die Runden. Am dritten Abend fuhr dann unser Held mit seiner Bekannten in die Katakomben von Covent Garden zu einer fröhlichen Sause mit vielen Hotelschülern, Studenten und Doktorvätern aus der ganzen Welt von Neuseeland bis Alaska. Es war eine tolle Party mit viel Spaß und Trank. Bedingung war, egal wo man her kam: Es durfte nur englisch gesprochen werden. Es wurden viele Informationen in lustiger Runde ausgetauscht. Begehrter Artikel war zum Schluss eine Visitenkarte eines Kontaktbereichsbeamten der Berliner Polizei. Als unser Held dann in später Nacht ins Hotel kam, fand er die Jungs friedlich schlafend in ihren Betten. Sie waren den ganzen Abend fleißig dem Hausmeister zur Hand gegangen. Unser Held hatte bei der Fete einen englischen Abgeordneten kennengelernt, der ihn und die Jungs am nächsten Tag zu einer Parlamentsdebatte eingeladen hatte.

Nach dem Frühstück ging's dann also mit der Subway zum *House of Parliament.* Als sie gerade ins Unterhaus marschierten, ertönte vom *Big Ben* der tiefe Glockenschlag der Mittagsstunde. Ihr Abgeordneter erwartete sie bereits und geleitete sie durch den Sicherheitsdienst auf die Zuschauertribüne. Anders als in Deutschland saßen die Abgeordneten hier viel dichter zusammen, sich direkt gegenüber und eng am Rednerpult. Sie verfolgten eine hitzige Debatte, die zwar interessant war, sich aber nur um lokale Dinge drehte.

Anschließen besuchten sie noch Westminster Abbey, wo sich immer die Königlichen das Jawort gaben, und die Flüstergalerie der St. Pauls Kathedrale, die viel Ähnlichkeit mit dem Petersdom in Rom hatte.

Das reichte dann für diesen Tag. Am anderen Morgen ging es wieder mit der Bahn in das altehrwürdige, außerhalb Londons in einem Arbeiterbezirk liegende Wembley-Stadion. Es war ein riesiger alter Klotz. Man schloss sich einer Führung an und sah zunächst die Ehrentribünen und die Ehrenkabinen berühmter englischer Fußballvereine, ihre Pokalvitrinen und Bildergalerien. Dann kam man durch einen Tunnel, an dessen Ende Tageslicht zu sehen war. Der Führer bat nun die Augen zu schließen und auf den Ausgang zuzulaufen.

So traten sie dann mit geschlossenen Augen ans Tageslicht und ein ohrenbetäubender Jubel aus „*Einhunderttausend Kehlen*" empfing sie, die natürlich aus Lautsprechern intoniert wurden. Trotzdem ging ein Gänsehautfeeling über unsere kleine Gruppe hernieder Sie gingen dann weiter zur Ehrentribüne. In halber Höhe sahen sie die Ehrenloge der Queen, aus der sie immer den Pokal an die siegreiche Mannschaft übergab. Wer nun wollte konnte diesen Gang nachgehen und unter tosendem Jubel den Pokal entgegennehmen. Unser Held wollte und er ging würdevoll die Treppe empor, nahm unter dem „*Jubel der Menge*" den Pokal von der „*Queen*" entgegen und reckte ihn stolz in das „*jubelnde Publikum*". Dabei schloss er genussvoll die Augen und ließ die Weihe des Augenblicks auf sich einwirken. Die Jungs konnten derweil von unten ein herrliches Foto schießen. Mit stolzgeschwellter Brust ging es dann zurück. Zuvor gab es noch Pommes und Chicken bei McDonalds.

Ein letzter Ausflug führte sie dann am nächsten Tag noch nach Greenwich zum dortigen Observatorium. Genau unter dem Mittelpunkt des Teleskops wurde der Null-Meridian der Längengrade festgelegt und durch eine Kupferschiene quer durch das ganze Observatorium markiert. Die Jungs ließen es sich nicht nehmen, auf diesem Längengrad der Erde einen willden Tanz aufzuführen.

So ging dann ein sehr interessanter Aufenthalt nach vierzehn Tagen zu Ende. Mit dem Flugzeug hopsten sie wieder über den Ärmelkanal, zurück in die deutsche Hauptstadt nach Berlin und sie konnten, von der Kultur beleckt, **ihren Preussen sicher viel erzählen.**

Kapitel 23 – Polizeischule Spandau zum Ersten und die wilden 68er

Ende 1985 starten die Preussen unter Federführung ihres Pressechefs eine große Spendenaktion für die SOS Kinderdörfer. Der Pressechef übergab dann im Februar 1986 dem Steglitzer Bürgermeister einen Scheck über 1500,00 DM. Nur wenige Wochen später erreicht die Preussen ein Dankschreiben vom Gründer der SOS-Kinderdörfer, *Herrmann Gmeiner*, aus Bogota.

Beim „3. Tag des Sports 1986" weilte unter den 2000 Zuschauern auch wieder Berlins Regierender *Eberhard Diepgen*. Beim „4.Tag des Sports 1987", diesmal unter dem Motto *750 Jahre Berlin*, kann der Pressechef die Berliner Bürgermeisterin *Hanna Renate Laurien* als Schirmherrin gewinnen und *Eberhard Diepgen* als Ehrengast vor vielen tausend Zuschauern begrüßen. Am Ende des Jahres kürt er auf dem Winterball der Preussen wieder die Sportler des Jahres. Am meisten freut es ihn, dass die mA-Jugend der Handballer zur *„Mannschaft des Jahres"* gewählt wird.

Noch eine Situation prägt das Jahr 1987. In der Handballabteilung kracht es, und der Vorstand bricht auseinander. Die Ideen des *Herrn Bieder* hatten sich als ungeeignet erwiesen, und seine Art, die Handballabteilung zu führen, gefiel den Mitgliedern nicht. Mit der ganzen Macht seines Gewichts sprang unser Held wieder auf den Handballzug und ging wieder an die Spitze der Handballer, und er tat es wie immer, kräftig, laut und deutlich. Er wurde von den Handballern wieder begeistert zum BOSS gewählt. Seine erste Amtshandlung war, die unselige SG mit dem HC Steglitz, der sich als völlig unfähig für die Gründung eines Südberliner Handballleistungszentrums erwiesen hatte, im Frühjahr 1988 kurzerhand aufzukündigen und die Handballer wieder unter der Preussenfahne zu vereinen.

Und noch ein Ereignis muss in 1988 Erwähnung finden. Der zweite Sohn unseres Helden, *Sven,* gerade vierjährig geworden, tritt der Handballabteilung der Preussen bei. Als würde unser Held es erahnen, dass die Welt in wenigen Monaten den Atem anhalten und Dinge ins Rollen kommen würden, die so niemand vorhergesagt hätte, stürzte er sich wieder mit gewaltigem Elan in die Handballarbeit.

Es ist an der Zeit, dass wir unseren Blickwinkel wieder verändern, sonst kommt die andere Seite zu kurz, denn hier schreiben wir noch immer das Jahr 1964, und hier ging im Jahre 1964 nun der Karrieresprung unseres Helden als Bulle weiter.

Auf der Polizeischule Spandau begann nun über sechs Monate die theoretische Ausbildung zum Polizeioberwachtmeister, verbunden mit dem Aufrücken in die Gehaltsstufe A 6. Unsere jungen Helden wurden jetzt geschult in Strafrecht, Verkehrsrecht, Gewerberecht, BGB, Polizeirecht und vielem mehr. Auch der Sport kam nicht zu kurz und dort gab es dann auch gleich die erste Prüfung. 20 Punkte musste man erreichen im Hundertmeterlauf, im Kugelstoßen, im Weitsprung, im 300 Meter Schwimmen und im 2000 Meter Lauf. Schwimmen und Weitlaufen waren nicht die stärksten Seiten unseres Helden. Aber mit 5,70 Meter im Weitsprung, 11,50 Meter im Kugelstoßen und 11,3 Sekunden über 100 Meter wuchtete er seine 110 Kilo in die Punkteränge. In der Theorie, vor allem im Verkehrsrecht und Strafrecht, hatte er keine Probleme. Hier ackerte er nicht, hier dozierte er wieder.

Trocken war die Luft da draußen in Spandau, aber die jungen Bullen sollten ja nun mit dem nötigen Wissen versorgt werden, um dann endlich als eine der drei Gewaltsäulen des Staates in der großen Stadt tätig zu werden, denn neben der legislativen und der judikativen sollten sie ja nun die exekutive Gewalt des Staates vertreten. Das halbe Jahr verging schnell mit viel Sport, Lernen und Doppelkopf, und des Abends blieb auch noch Zeit für den BFC Preussen und seine Erfordernisse. Im Mai 1965 standen dann auch schon die Prüfungen an. Es gab keine Probleme und nun brannten sie, ihr Wissen auch der Allgemeinheit zu Gute kommen zu lassen.

Das EKDO wartete und das EKDO S, die Eliteeinheit, wollte eigentlich beide Spitzenhandballer, unseren Helden und seinen Namensvetter und Nationalspieler Kalle. Schließlich einigten sie sich und Kalle kam zum EKDO S, unser Held kam nach Steglitz. Das war ihm recht, so war er doch näher an zu Hause und seinen Preussen. Viele Sondereinsätze bei Großveranstaltungen und sonstige Großeinsätze prägten nun das Bild der Einsatzlage. Das EKDO Steglitz hatte seine interessantesten Einsatzgebiete bei der Grenzstreife mit einem Jeep, denn Steglitz hatte ja mehrere Kilometer Grenze zur SBZ. Ferner wurden ein Sonderfunkwagen, ein heißer Daimler, besetzt, der als zusätzliche Funkstreife in ganz Steglitz zum Einsatz kam, und die Krawallstreife, die mit einem Opel Blitz für kräftigere Einsätze zur Verfügung stand.

In den sechziger Jahren begannen ja die Gewaltdemonstrationen der radikalen Linken um *Rudi Dutschke* und andere Konsorten, die sogenannten 68er, mit denen sie sich viele Nächte um die Ohren schlagen mussten, im wahrsten Sinne des Wortes. Heute sitzen viele dieser Typen sich die Ärsche auf den Stühlen des Bundestages und der Landtage breit, und von ihrer sogenannten ruhmvollen Vergangenheit wollen sie nichts mehr wissen. Aber unser Held musste sich damals oft mit ihnen auf der Spielwiese, so nannte man damals das Gebiet zwischen dem Kranzlereck und dem Tauentzien, herumschlagen. Anders als heute wurde damals dagegengehalten und nicht weggeduckt.

Eines Abends hörte unser Held an diesem Ort bei einer der sogenannten Friedensdemonstration hinter sich ein röhrendes „*Friedensgeschrei*". Als er sich umdrehte, sah er einen vermummten Friedenssoldaten, der mit einer zwei Meter langen Holzlatte auf ihn einschlagen wollte. Nun hatte unser Held nicht nur einen eisenharten Schädel, sondern auch einen Schutzhelm auf seinem Kopf, und die Latte zerbrach in tausend Stücke. Unser Held war stinksauer und stürzte sich mit Wutgebrüll auf den Vermummten. Als er ihn erreicht hatte, musste er seine Strafabsichten plötzlich abrechen, denn es stank fürchterlich. Der Vermummte hatte sich vor Angst gewaltig in die Hose geschissen.

Es gab noch viele solcher Einsätze. Eines Tages kam über Funk die Meldung, eine wilde Horde von Demonstranten, ungefähr 300 Personen, stürmten mit Latten und Knüppel bewaffnet über die Nürnberger Straße in Richtung Ku-Damm. Unser Held und seine Gruppe waren vor Ort, aber nur mit 25 Mann, und sollten sie aufhalten. Die Nürnberger Straße war an dieser Stelle 30 Meter breit.

Sie bildeten eine Polizeikette und versuchten, die Straße zu sperren. Sie hätten so die Meute, die da auf sie losstürmte, kaum aufhalten können. Plötzlich riss der Beamte rechts außen seinen Gummiknüppel vom Halter und rannte mit Gebrüll auf die Meute zu. Sofort ging die ganze Kette ebenso im Gleichklang in einer Reihe und ebenfalls den Knüppel schwingend mit Gebrüll auf die Meute los. Sie haben sie nie erreicht, nur die, die vor Angst gestürzt waren. Eine Situation, die zuvor zu eskalieren drohte, war bereinigt, ohne dass es Verletzte gab und sie bekamen von den Mietern der Häuser, die aus ihren Fenstern schauten, begeisterten Beifall. Von den Demonstranten wurde keiner mehr gesehen. Nur ihr Präsident war später weniger begeistert. Er wolle *„nie wieder Polizisten sehen, die mit Indianergeheul Demonstranten durch die Straßen treiben."* Von Treiben konnte derweil keine Rede sein. Sie hätten mit ihrer Ausrüstung am Leib keine zehn Meter weiter rennen können, weil ihnen die Luft weggeblieben wäre.

Aber es gab noch viele dieser Einsätze und man konnte nur hoffen, dass diese Demonstranten, die sie da vor sich hergetrieben hatten, nicht der politische Nachwuchs Deutschlands werden würden. Da könnte einem schon Bange werden. Es wurden die wilden Jahre auf dem Einsatzkommando und unser Held dachte nur, **oh Gott wenn ich das später meinen Preussen erzähle.**

Kapitel 24 – Steglitz, mein Revier

1969 war dann die wilde Zeit auf dem EKDO vorbei und unser Held, inzwischen Polizeimeister geworden, setzte nun seine Karriere auf dem Weltstadtrevier 191 in der Steglitzer Düppelstraße fort.

In Steglitz war 1969 die Hölle los und es wartete viel Arbeit auf unseren Held. Nach dem Tod seiner Mutter - sie war im Herbst 1968 im Alter von nur 53 Jahren und kurz vor der geplanten Familiengründung unseres Helden verstorben - war ihm das Recht, sich mit anderen Dingen beschäftigen zu können. In Steglitz herrschte große Bauwut. Gerade war die Stadtautobahn quer durch Steglitz fertiggestellt worden, der Steglitzer Kreisel wuchs aus der Baugrube heraus, der geplante U-Bahn-Bau auf der Schloßstraße begann in die Realität umgesetzt zu werden. Ein doppelstöckiger Tunnel sollte in der Schloßstraße zwei U-Bahnlinien, einmal aus Richtung Bundesplatz und einmal aus Richtung Innsbrucker Platz kommend, am Steglitzer Kreisel zusammenführen. Daneben wurde die Schloßstraße weiter zu einer der größten Einkaufsmeilen Berlins ausgebaut - und das alles bei laufendem Verkehr. Das hieß, auf dem Revier 191 brannte die Luft, denn daneben war ja auch die normale kriminelle Bekämpfung zu erledigen.

Gleich im Jahr 1969 warteten die ersten interessanten Fälle auf unseren Helden, und sein erster Mordfall brachte ihm dann auch erste positive Schlagzeilen. Dass er diesen vor Eintreffen der Mordkommission bereits aufgeklärte hatte, bedarf keiner besonderen Erwähnung.

Nur wenige Häuser neben dem Revier war in einer *„Türkenwohnung"* ein zünftiger Pokerabend im Gange, an dem nicht nur Spielkarten, sondern auch viel Alkohol und viel Lärm eine große Rolle spielten. Ein heftiger Streit um eine anwesende junge Türkin ließ dann plötzlich die Messer fliegen. Besorgte Nachbarn riefen ob des wilden Streits die Polizei. Unser Held war mit seinem Partner als erster am Tatort. Sie fanden neben zerbrochenen Stühlen und Gläsern auch einen erstochenen Türken und eine der deutschen Sprache plötzlich nicht mehr mächtigen jungen Türkin vor. Unser Held ließ den Tatort sichern und machte etliche Fotos. Kripo und Notarzt wurden alarmiert. Bei der vorsichtigen Durchsuchung wurde eine Geldbörse gefunden. In dieser Geldbörse steckte ein Ausweis. Der wurde der Türkin gezeigt und sie nickte verängstigt mit dem Kopf. Der Ausweis wies eine männlich Person aus und eine Anschrift, die sich nur zwei Querstraße weiter befand.

Der zweite Funkwagen übernahm die Tatortsicherung für die Spusi und wartete auf Notarzt und Kripo. Währenddessen war unser Held zu der Anschrift auf dem Ausweis geeilt. Dort fanden sie im ersten Stock eine leicht angelehnte Wohnungstür. Mit entsicherten Pistolen drangen sie ein und fanden im Wohnzimmer auf dem Fußboden eine Leiche, die aber nicht tot war, sondern nur besoffen, also eine Schnapsleiche mit blutigen Händen. Als der Mann in radebrechendem Deutsch anfing, *„Ali hat angefangen"*, war der Fall für unseren Helden gelöst. Handschellen angelegt, Wohnung gesichert und zurück zum Tatort. Hier war bereits die Kripo eingetroffen und der Täter wurde den verdattert dreinschauenden Kripoleuten übergeben. Unser Held konnte sich nicht verkneifen zu sagen: *„Ja, Kollegen, bei der Schupo geht das eben etwas schneller!"*

Nur wenige Wochen später, an einem Sonntag früh in der 5. Morgenstunde, fuhr unser Held mit seinem Funkwagen durch die stillen Steglitzer Straßen. Alles wirkte friedlich. Bis ein besorgter Bürger aus der Schildhornstraße die Polizei alarmierte. Er hatte aus der in seinem Haus gelegenen Kneipe verdächtige Geräusche gehört. Wusste er doch, dass der Besitzer im Urlaub weilte. Dieser hatte ihm die Schlüssel zum Lokal anvertraut. Für den Notfall, hatte er gesagt, und dieser war nun seiner Meinung nach eingetreten.

Schnell war unser Held vor Ort und hörte, was der aufgeregte Bürger zu vermelden hatte. Die Äußerlichkeiten des Lokals waren schnell in Augenschein genommen. Es schien alles Okay, keine Einbruchsspuren. Die Fenster zum Hof waren alle vergittert. Lediglich das Fenster zur Toilette stand ein wenig offen, aber es war ebenfalls vergittert, und da konnte sich wohl kein Mensch hindurchzwängen, meinte unser Held. Er hatte dabei aber zu sehr seine eigene Figur im Kopf.

Vorsichtshalber wolle man das Lokal noch von innen unter Betracht ziehen und nun zog man für den besorgten Bürger noch eine kleine Show ab. *„Schließen Sie auf und gehen Sie im Treppenhaus in De-*

ckung", wurde er aufgefordert. Dann zogen sie filmreif ihre Pistolen, drangen in das Lokal ein und durchsuchten Raum für Raum mit vorgehaltener Waffe. Draußen hörte man ihre Rufe von Raum zu Raum **FREI!**

Als unser Held den düsteren Schankraum betrat, suchte seine linke Hand tastend den Lichtschalter. Er trat einen Schritt vor und sah im flackernd aufflammenden Neonlicht rechts von sich eine Gestalt hinter dem Tresen, die sich zu ihm umdrehte. Seine rechte Hand mit der Pistole zuckte blitzschnell nach oben und der rechte Zeigefinger krümmte sich. Aber nichts passierte, die Pistole war ja noch gesichert. Gott sei Dank, das hätte auch schief gehen können. Wie sich jetzt im grellen Licht der Deckenleuchte herausstellte, war der Verdächtige ein wohnungsloser Einbrecher, der sich am *Hungerturm* des Lokals mit einer Mahlzeit bedienen wollte.

Das Gesetz kam ihm jetzt zu Gute, denn für die Nacht bekam er nun eine zumindest warme Zelle. Unser Held sah sich den Einbrecher nochmals genauer an und konnte seine Bewunderung nicht verhehlen, wie der wohl durch die Gitterstäbe gekommen war. Die Nacht war gelaufen und Stunden später in seinem Bett dachte er nur schmunzelnd: **Oh Gott, wenn ich das meinen Preussen erzähle.**

Tote Personen gab es nun in den nächsten Jahren noch mehrere zu bewundern. Wie die alte Witwe, die am Esstisch beim Abendbrot eines natürlichen Todes gestorben war. Sie saß mit einem Lächeln im Gesicht friedlich am Tisch und unser Held saß am gleichen Tisch, um den Sachverhalt aufzunehmen. Für einen Beobachter sah es so aus, als wären beide in ein Gespräch vertieft. Das war schon ein makaberer Anblick. Andere Tote waren weniger schön, wie die Wasserleichen infolge missglückter Fluchtversuche von Bürgern der „DDR" im Teltowkanal, die an der Unterwassersperre der Grenzanlagen der „DDR" immer wieder nach oben gespült wurden; das war weniger appetitlich. Der Teltowkanal, das heißt die Mitte der Wasserstraße, war hier in Lichterfelde die Grenze zwischen beiden deutschen Staaten. Hier kam es auch zu Schusswechsel zwischen den Vopos und der Westberliner Polizei. Hatte ein Flüchtling die Kanalmitte erreicht und die Vopos schossen immer noch, schossen die Westberliner Polizisten oft zurück.

Juli 1972 – Hundstage bei der Berliner Polizei. Steglitz, Schloßstraße / Albrechtstraße, Revier 191 (Foto: privat)

Es gab aber auch lustige Einsätze. Im Sommer 1972 gab es in Berlin einen Jahrhundertsommer mit bis zu 35 Grad. Auf Grund hohen Verkehrsaufkommens musste an einem Mittwoch der Verkehr an der großen Kreuzung Schloßstraße/Grunewaldstraße mit einer Standampel per Hand geregelt werden. Unser Held und ein Kollege schwitzten um die Wette. Plötzlich kam ein junger Mann mit einer Kamera und, man merke auf, mit einer Plastikkinderbadewanne auf sie zu und fragte grinsend, ob sich unser Held in die Wanne stellen und so den Verkehr regeln würde. Er sei von der Presse und wolle ein Foto machen, um die Hitzebewältigung durch die Berliner Polizei zu dokumentieren. Die Genehmigung der Pressestelle der Polizei hätte er sich schon eingeholt.

Unser Held war für diesen Scherz natürlich sofort bereit. Anderen Tags ging das Bild dann durch die Presse. Nicht nur in Berlin, wie sich später herausstellte. Die Pressestelle der Wiener Polizei gab bekannt, dass sich Verkehrspolizisten der österreichischen Hauptstadt bei ihrer Führung beschwert hätten, warum sie nicht auch die Hitze so bekämpfen dürften wie die Berliner Polizei.

Einen sehr lustigen Einsatz gab es dann am Neujahrsmorgen 1973. Auf der Wache ging ein Anruf ein. Auf dem Vordach der Disco in der Ahornstraße sei ein großer Hund gesichtet worden. Vor Ort angekommen, strahlte eine Schweineschnauze vom Vordach auf die beiden verdutzten Polizisten herab. Die beiden Helden strahlten zurück und ermittelten zunächst. Am gestrigen Silvesterabend hatte in der Disco eine große Silvestertombola stattgefunden, und der erste Preis war ein lebendiges Glücksferkel. Da der Gewinner schon genug Alkohol getankt hatte, schloss man das Schwein im Büro des Chefs ein, um es dann am nächsten Tage abzuholen. Das Bürofenster, das zum Vordach führte und vergittert war, ließ man aus Geruchsgründen offen. Es könnte ja nichts passieren, so glaubte man zumindest. Unser Held hatte da ja schon andere Erfahrungen gemacht.

Das Schwein sah sich seines Lebens bedroht angesichts des seltsamen Stalls und zwängte sich durch die Gitterstäbe, landete auf dem Vordach und sah sich gemeinsam mit zwei Polizisten vor dem großen Problem, wie es nun weiter gehen sollte. Unsere Helden fanden auf einer nahegelegenen Baustelle eine Leiter, legten diese am Vordach an und wenige Augenblicke später beherbergte unser Vordach nicht nur ein freilaufendes Schwein, sondern auch zwei Polizisten auf Schweinejagd. Das Schwein, das sich der Festnahme entziehen wollte, rannte auf dem Dach laut quiekend wie ein Kind hin und her und die Polizisten verfolgten es martialisch. Die zuvor in tiefer Stille liegende Ahornstraße und der Bürgersteig vor der Disco waren zum Leben erwacht, und auf den umliegenden Balkonen surrten diverse Filmkameras. Auf dem Revier hatte sich schon die Presse angemeldet und wartete auf heiße Bilder. Vom Bürgersteig herauf zum Vordach gab es hilfreiche Tipps für die Jäger. Als sie dann das Schwein endlich im Schweiße ihres Angesichts eingefangen hatten, war das nächste Problem, wie sie es jetzt auf die Straße bringen sollten.

Schließlich gelang es dann unter dem Beifall der vielen Zuschauer und mit der Hilfe einiger Schaulustigen, das Schwein mit einem Seil zu sichern und auf die Straße herabzulassen. Rein in den Funkwagen und ab zum Revier, wo unsere Helden schon begeistert empfangen wurden. Jetzt mussten sie der Presse noch für einige Fotos posieren und für die BZ war die Schlagzeile für den nächsten Tag geboren: „*Polizisten fangen das Glück für 1973*".

Zum Schmunzeln gab es aber auch noch andere Einsätze. Die vielen Kaufhäuser in der Schloßstraße regten auch bei etlichen Kleinkriminellen die Phantasie an. Sie ließen sich am Abend in den Kaufhäusern einschließen, und wenn sie dann allein waren, bedienten sie sich ausgiebig in der Lebensmittelabteilung. Waren sie schön gesättigt und hatten ihren Durst gelöscht, gingen sie im Kaufhaus auf Beutezug, packten Wertvolles in eine mitgebrachte Tasche und verließen dann mit ihrer Beute am anderen Morgen unbemerkt das wiedereröffnete Kaufhaus. Die Kaufhäuser wehrten sich mit stillen Alarmanlagen bei besonders wertvollen Verkaufsgegenständen wie Schmuck, Kleinelektronik und teurer Kosmetika. Bei ausgelösten Alarmanlagen war so die Polizei immer schnell vor Ort. Da die Durchsuchungen der Kaufhäuser nach den Tätern aber immer sehr personalintensiv waren, kam unser Held auf eine gute Idee.

Bei Alarm wurden zwei Funkwagen zur äußeren Absperrung an zwei diagonal gegenüberliegenden Ecken des Kaufhauses in Stellung gebracht, so konnte man die gesamte Außenfront sichern. Der Rest ging über den Haupteingang ins Kaufhaus und schloss zwischenzeitlich hinter sich den Eingang wieder ab. Vier Kollegen gingen runter in die Lebensmittelabteilung und durchsuchten diese, denn dort hatte man schon oft Täter nach übermäßiger Völlerei und Alkoholgenuss schlafend angetroffen. Unser Held erwartete am Eingang die alarmierten Hundeführer. Als die dann eintrafen, kam nur noch über Funk der Befehl, *„Alle Beamten jetzt raus, die Hunde sind da."* Eilig stürmten die Polizisten aus der Lebensmittelabteilung zum Ausgang. Unser Held glaubte, er habe einige noch kauen gesehen. Die Eile war verständlich, wenn man die Hunde sah. Vor allem waren da *Bruno,* ein Riesenrottweiler, und *Wotan,* ein Schäferhund gleicher Größe. Als alle Polizisten draußen waren, hieß das Kommando *„Leinen los"* und die Hunde stürmten in das Kaufhaus. Sie haben alle gefunden, meist bleich und mit schlotternden Knien.

Einmal wollte einer besonders schlau sein und hängte sich in einen Pelzmantel in der Bekleidungsabteilung. Er hatte gehört, dass dort die Hunde den Geruch des Menschen nicht wahrnehmen, weil er vom Fellgeruch der Tiere überlagert wird. Er hatte aber zwei entscheidende Fehler gemacht: Erstens war er in die Kunstpelzabteilung gegangen und zweitens hatte er sich, als sich die Hunde lärmend und knurrend näherten, vor Angst in die Hosen geschissen. Da waren dann *Bruno* und *Wotan* nicht mehr zu halten. Als unser Held dann abends zu Hause auf seinem Sofa lag, dachte er nur: **Oh Gott, wenn ich das meinen Preussen erzähle.**

Da gab es dann aber auch Einsätze, die im direkten Zusammenhang mit dem BFC Preussen standen. Einmal wurde die Polizei alarmiert mit dem Code „*Messerstecherei*", und zwar in der dem Leser schon bekannten Disco in der Ahornstraße. Als die Beamten vor der Diskothek eintrafen, war bereits eine Funkstreife vor Ort. Die Besatzung traute sich aber noch nicht rein und wollte das Eintreffen weiterer Verstärkung abwarten, da bestimmt 300 Leute in der Disco wären. „*Nichts da*", bemerkte unser Held, „*Wir gehen rein*" und er marschierte wie immer vorneweg. Im Saal wurden sie von dröhnender Musik und tatsächlich von rund 300 Jugendlichen empfangen, die unsere Polizisten nicht gerade freundlich anblickten.

Die Musik wurde abgeschaltet und unser Held ging auf die Menge zu. Plötzlich ertönte eine Stimme aus der Menge: "*Hey, das ist ja der Handballboss der Preussen*" und weitere Stimmen folgten „*Hallo Manne, hallo Herr Plötz!*" Im Nu lockerte sich die Stimmung, die Menge bildete eine Gasse und die Polizisten konnten zum Tatort gelangen. Wie sich später herausstellte, waren viele Jugendliche vom BFC Preussen unter den Anwesenden. Der Einsatz selber war eher harmlos und das angebliche Opfer war vom Personal schon ärztlich versorgt. Auf dem Rückweg wurde noch so mancher Small Talk gewechselt und auf der Straße empfingen unseren Helden seltsame Blicke der Kollegen.

Erfahren hatte unser Held von der Niederkunft seines Sohnes bereits am Nachmittag im Preussencasino, wo er nach glorreichem Sieg mit seinen Handballern in fröhlicher Runde saß. Um 17.06 Uhr wurde er von den Kameraden gedrängt, doch endlich mal im Steglitzer Klinikum anzurufen, wie weit es denn wäre, also tat er es. „*Ihre Frau kommt gerade aus dem Kreißsaal, ich gebe ihnen mal den Arzt*", bemerkte eine Krankenschwester am Telefon. „*Ich leite gleich weiter direkt an Ihre Frau*", sagte dieser unserem langsam in Schweiß geratenden Helden. Dann ertönte die müde Stimme von Uschi: „*Stefan ist da, alles ist gut*".

Ohrenbetäubender Jubel ertönte da im Preussencasino. Unser Held konnte aber noch nicht mitfeiern, er hatte Nachtdienst auf dem Revier. Als er dort eintraf, hatte er gerade zu der Frage angesetzt, ob er seine

Frau kurz im Krankenhaus besuchen könne, da hörte man lauten Krach vor dem Revier. Dort fand eine Demonstration von circa 15 Personen statt, die lauthals die Herausgabe unseres Helden forderten. Der Wachthabende zögerte dann auch nicht lange und erteilte Vaterschaftsurlaub.

Unser Held wurde auf der Straße jubelnd von seinen Preussen empfangen. Einen riesigen Blumenstrauß hatte Preusse *Siegfried* auch schon besorgt. Woher er um 21.00 Uhr noch die Rosen bekommen hatte, hat sich vorsichtshalber niemand gefragt.

Nun ging es erst einmal ins Krankenhaus. Während die Truppe zum Teil in das *Plötz-Quartier* in die Dillgesstraße fuhr, um alles für eine Big Fete vorzubereiten, nahm unser Held im Krankenhaus erst mal seine müde Frau und seinen prächtig gelungenen Nachwuchs in den Arm und bedankte sich für eine tapfere Geburt. Später fuhr er dann in die Dillgesstraße und traf dort auf eine bereits feiernde Meute. Auch die Nachbarn waren alle da und es wurde eine lange und fröhliche Nacht.

Auf Grund der vielen Baumaßnahmen im Bereich der Schloßstraße hatte der Verkehrssachbearbeiter des Reviers viel zu tun und bat den Chef um Verstärkung. Hier bot sich nun auf Grund seiner Vorkenntnisse unser Held an und er wechselte nun für einige Zeit eine Etage höher in den Verkehrsdienst. Von Stund an lief der Baustellenbetrieb, was die verkehrspolizeilichen Maßnahmen betraf, reibungslos. Unser Held hatte sich bei den Polieren der einzelnen Gewerke als neuer Ansprechpartner der Polizei vorgestellt, wurde zünftig eingeweiht und hatte sich als standhaft erwiesen. Es wurde eine gute Zusammenarbeit, und als unser Held mal für seinen neuen Garten in Marienfelde einige alte Gehwegplatten brauchte, fuhr der LKW mit seinem großen Hänger eben nicht zur Müllhalde zur Entsorgung, sondern in die Marienfelder Säntisstraße zur dortigen Eisenbahnerkolonie, und 35 Kleingärtner jubelten.

So ging es noch einige Jahre auf dem Revier 191 interessant und abwechslungsreich zu. Unser Held war inzwischen auch zum Polizeiobermeister ernannt worden. 1975 war dann Schluss. Wieder einmal gab es eine Polizeireform in Berlin und es wurden die Polizeiabschnitte gegründet. Der Abschnitt 45 am Lichterfelder Augustaplatz rief und unser Held folgte dann 1975 diesem Ruf.

Im Dienst auf dem Abschnitt 45, 1983 (Foto: privat)

Kapitel 25 – Der Boss wieder im Handballfieber

Bevor wir seine Karriere dort weiter verfolgen, schauen wir mal, was bei den Preussen so passiert ist. Wir schreiben inzwischen das Jahr 1987. Unser Held hatte ja die Handballer wieder unter der Preussenfahne vereint und war dabei, sie wieder in die Erfolgsspur zurückzuführen.

1988 hatten sie beim großen internationalen Jugendturnier in Braunschweig schon wieder von sich Reden gemacht, als die mC-Jugend im Endspiel den jugoslawischen Meister Dynamo Pancevo sensationell geschlagen hatte. Entscheidenden Anteil hatten unsere Auswahlspieler *Torwart Matthias Brandenburg, Aufbauspieler Michael Seeger* und unsere *Rakete am Kreis, Stefan Plötz*. Der Boss hatte schon mit den Verantwortlichen von Granitas Kaunas, die ebenfalls vor Ort waren, feuchtfröhlichen Kontakt aufgenommen und die mA-Jugend zu einem privaten Handballbesuch nach Berlin eingeladen und die Bedingung aufgestellt, dass die Spieler und Funktionäre privat untergebracht würden und nicht unter Parteikontrolle im Hotel.

Im Herbst 1988 war es dann trotz einiger Schwierigkeiten wegen der Unterbringung soweit. Als in Berlin noch Mauer und Stacheldraht Ost und West trennten, holten die Preussen ihre neuen Freunde aus der damaligen Sowjetrepublik Litauen am Berliner Ring ab, um sie zum Preussen-Casino zu geleiten, wo die Gastgeber schon warteten. Als unser Held den Bus der Litauer betrachtete, mit dem diese den weiten Weg von Kaunas nach Berlin gewagt hatten, musste er schmunzelnd zurückdenken, wie er 1945 den LKW der Russen betrachtet hatte, von dem aus er mit *Maslo* und *Chleb* versorgt wurde. Es war schon erstaunlich, wie man mit solchen Fahrzeugen solche Strecken zurücklegen konnte.

Im Preussen-Casino hat man sich dann erst einmal neugierig beschnuppert, denn für unsere Gäste war es absolutes Neuland, im westlichen Ausland ohne Kontrolle des mitreisenden Politoffiziers bei privaten Gastgebern untergebracht zu werden. Um es vorwegzunehmen, es wurde für beide Seiten eine tolle positive Erfahrung.

Durch den Besuch von Granitas Kaunas wurde der Preussen Cup 1989 zu einem großen Handballspektakel in Berlin. Auf einer großen Stadtrundfahrt wurden den Litauern natürlich auch die Mauer und ihre Folgen gezeigt. Die Gäste zeigten sich tief beeindruckt. Vor dem großen Handballturnier um den Preussen Cup 1989 wurden die Litauer auch noch vom Steglitzer Bürgermeister *Klaus-Dieter Friedrich* zu einem festlichen Empfang ins Rathaus Steglitz eingeladen, an dem auch viel Politprominenz aller Parteien teilnahm. Die Berliner Presse hat den Auftritt der Gäste aus Litauen in vielen Beiträgen besonders gewürdigt. Auf dem Turnier selbst in der vollbesetzten Carl-Diem Sporthalle, dem damaligen Adlerhorst der Preussen-Handballer, konnten dann die Litauer ihre Klasse beweisen. Am Abend gab es dann noch eine große Fete im Preussen-Casino bei sehr gelöster Stimmung.

Nach drei Tagen hieß es dann wieder Abschied nehmen. Es war ein toller Besuch, bei dem auch viele Freundschaften geschlossen wurden. Ein besonderes Abschiedsgeschenk hatten dann noch die Eltern organisiert. Alle hatten Sportartikel zusammengesucht, die ihre Kinder nicht mehr benutzten, oder die von den Kindern als nicht mehr modern genug empfunden wurden oder die einfach doppelt waren. So kam eine Riesenmenge an Sportartikeln zusammen, die auf der langen Tafel im Vorstandszimmer des Preussencasinos ausgelegt wurden.

Als dann der Boss die jungen Litauer Spieler aufforderte, ins Vorstandszimmer zu gehen und sich Sportsachen auszusuchen, die sie als Geschenk von ihren Berliner Freunden einpacken konnten, sah man in ungläubige, aber begeisterte Augen der jungen Spieler und sie griffen begeistert und dankbar zu. Bei diesem Anblick bekamen auch viele Preussen einen dicken Kloß im Hals. Anschließend gab es einen herzlichen Abschied mit dem Versprechen auf ein Wiedersehen im nächsten Jahr in Kaunas.

Im Hauptverein hatte es auch etliche Veränderungen gegeben. Präsident wurde jetzt der Steuerberater *Helge Rippel,* aber finanziell kriselte es im Hauptverein gewaltig. Die Handballer rüsteten derweil gewaltig auf. 1989 wurde unter Trainer *Frank Effenberger* der erste Aufstieg der 1. Männer in die Berliner Stadtliga vollzogen, und die Leistungsjugendmannschaften gehörten zu dem besten, was der Berliner Handball zu bieten hatte. Präsident *Helge Rippel* hatte für die Handballer einen neuen Großsponsor, den Computerhändler *Bernd Lorenz*, an Land gezogen. Er begrüßte den Handballboss mit dem Satz: *„Ich habe keine Ahnung von Handball, sagt mir nur, was ihr braucht."* Ein Satz, der unserem Helden das Strahlen ins Gesicht zauberte und der ihn aktiv werden ließ. Die erste Maßnahme, die Bernd Lorenz dann auch einführte, war die völlige Neugestaltung des Büros der Handballabteilung. Noch ein Satz, der unseren Helden strahlen ließ war: *„Wer viel und erfolgreich arbeiten soll, muss Freude an seinem Arbeitsplatz haben"* und die Handballer arbeiteten viel und immer erfolgreicher.

1989 machten die Handballer schon wieder von sich reden. Die mA-Jugend der Preussen wurde zum alljährlichen Spitzenturnier der besten A-Jugendmannschaften der „DDR" nach Ost-Berlin eingeladen. Es war eine Spitzenbesetzung mit dem SC Magdeburg, EHC Frankfurt, Empor Rostock, DHK Leipzig, Dynamo Berlin und dem BFC Preussen. Die Preussen mit ihrem Trainer *Peter Wiggert*, der auf Grund seiner Beziehungen zur Trainerelite der „DDR" die Beteiligung der Preussen in die Wege geleitet hatte, schlugen sich hervorragend und besiegten im Kampf um Platz drei sensationell Dynamo Berlin.

Kapitel 26 – Die Mauer fällt

Die Ereignisse überschlugen sich. Noch 1988 hatte US-Präsident Ronald Reagan vor dem Brandenburger Tor ausgerufen: *„Mr. Gorbatschow, open this Gate"* und nur wenige Monate später wurde in Berlin Weltgeschichte geschrieben. Die Preussen und auch unsere litauischen Freunde waren dabei und wurden Teil dieser Geschichte. Am 9. November 1989 fiel in Berlin die Mauer und in Deutschland brach der eiserne Vorhang zusammen. Ein denkwürdiger Tag! Unser Held saß im Tenniscasino mit dem Präsidenten *Helge Rippel* und seinem neuen Großsponsor *Bernd Lorenz* zusammen, um neue Wege für die Zukunft der Handballer zu besprechen. Im Nebenraum trällerte leise ein Fernsehgerät. Plötzlich brach der Ton ab, um wenige Sekunden später in voller Lautstärke durch alle Räume zu dröhnen. Im SFB meldete sich der Reporter von der innerstädtischen Grenze an der Bornholmer Straße und verkündete mit begeisterter Stimme: *„Die Mauer ist offen. Ostberliner Bürger kommen nach Westberlin und die Vopos schauen zu."* Im Nu saß alles vor dem Fernseher und verfolgte gespannt die Nachrichten. *Bernd Lorenz*, ein Mann der Tat, sagte, kommt lasst uns zur Grenze fahren, das müssen wir im Original erleben.

So sprangen die drei Preussen in den Daimler und ab ging es zum Übergang Bornholmer Straße. Hier war bereits die Hölle los und hunderte Ostberliner strömten im Lichte vieler Scheinwerfer über die Grenze, um die neue Freiheit für einen Besuch in Westberlin zu nutzen. Die Vopos hatten die normalen Grenzkontrollen längst aufgegeben und ließen die Menschenströme ziehen, die im Westen jubelnd begrüßt wurden. Schnell kamen die Preussen mit einem jungen Pärchen ins Gespräch und man bot ihnen an, eine Fahrt über den Kudamm zu machen und vielleicht etwas essen zu gehen. Begeistert sagten die jungen Leute zu und ab ging es mit dem Auto zum Tauentzien. Von dort unternahm man dann einen kleinen Bummel über den Kudamm. Am Adenauerplatz kannte Bernd Lorenz ein tolles Lokal und da kehrte man dann ein. Bei einem guten Essen und einigen Gläsern Rotwein wurde viel erzählt von der gegenseitigen Lebenssituation und der Begeisterung dieses Tages.

Die beiden waren als Lehrer an einer Ostberliner Schule beschäftigt, wohnten in einer kleinen Zweizimmerwohnung im Allende-Viertel in Köpenick – eine Gegend, die unser Held alsbald auch intensiver kennen lernen würde - und hatten einen sechsjährigen Sohn, den sie heute

Abend bei ihren Eltern gelassen hatten. Sie hatten dem Kleinen versprechen müssen, ja wieder zu kommen, was sie dann auch taten. Sie waren seit langem in der Kirche organisiert und hatten in letzter Zeit an vielen Demonstrationen in der Stadt teilgenommen und waren auch mit dem Ruf „*Wir sind das Volk*" durch die Stadt gezogen.

Sie hatten erlebt, wie eine Clique geistig Minderbemittelter wie u.a. *Erich Honecker, Erich Mielke, Egon* Krenz und *Günter Schabowski* sich als angebliche Staatsmänner aufführten, den Sieg des Sozialismus proklamierten und den Kapitalismus verdammten. Selbst lebten sie aber in einer Wolke von Wohlstand und Korruption weit über dem eigenen Volk und unterdrückten die Freiheit und Selbstachtung der Menschen. Wobei *Günter Schabowski* durch seine Dummheit bei einer Pressekonferenz praktisch dem Fall der Mauer ungewollt Vorschub leistete. Nur wenige Jahre später würde sich unser Held selbst bei einem Empfang, auf dem er den letzten Staatsratsvorsitzenden der „DDR" *Egon Krenz* treffen und in einem Gespräch die geistige Minderversorgung dieses Mannes erleben durfte, von der Fähigkeit dieses Mannes überzeugen können.

Die Innenstadt quoll langsam über von vielen Menschen. Es gab so vieles Neues zu bestaunen und die beiden Ostberliner Lehrer gingen mit leuchtenden Augen durch die Stadt und sahen begeistert in die vielen Schaufenster. Spontan fragte unser Held die neuen Freunde, was ihnen beim erstmaligen Betreten von Westberlin aufgefallen sei. Die jungen Leute überlegten einen Augenblick, ehe sie dann überraschend antworteten. Zuerst die Helligkeit der Straßenbeleuchtung, die die ganze Stadt in einem herrlichen Antlitz erstrahlen lässt, gegenüber dem tristen Funzellicht in Ostberlin, das die Stadt trüb und schwermütig darstellt. Zweitens der Geruch in der Stadt. In Ostberlin rieche alles gleich nach Trabbi, dessen Zweitaktgestank wie eine Glocke über der Stadt liegt, im Gegensatz zu der reinen Luft hier, die durch Frische und Leichtigkeit brilliert. Drittens die Fröhlichkeit und die Freundlichkeit der Menschen, die sie an der Grenze empfangen haben. Spät in der Nacht brachten die Preussen die jungen Leute wieder zur Bornholmer Straße zurück. Mit dem Austausch von Telefonnummern und Adressen verabschiedete man sich herzlich, mit dem Versprechen sich bestimmt einmal wiederzusehen. Für unseren Helden sollte es schon im nächsten Frühjahr der Fall sein.

Sie würden ihrem Sohn und den Eltern am nächsten Morgen sicher viel zu erzählen haben, von dem Tag im anderen Teil von Berlin. Von dem Tag, der die Geschichte unseres Vaterlandes und der ganzen Welt verändern würde. Unsere Helden fuhren zurück und im Tenniscasino gab es noch einen großen Diskussionsabend. Das war Weltgeschichte, was sie an diesem Abend in Berlin erlebten. **Da würden sie noch lange und viel bei Preussen erzählen können.**

Kapitel 27 – BFC Preussen – Granitas Kaunas

1990, dreißig Tage vor der deutschen Wiedervereinigung am 3. Oktober, rüsteten die Preussenhandballer zu ihrer ersten Sportreise nach Litauen und besuchten die Hauptstadt Vilnius und daneben Siaulia und Kaunas, die Handballhochburg Litauens. Zehn Tage waren die Preussen in Litauen unterwegs und erwiesen sich als hervorragende Botschafter ihrer Stadt Berlin und des Berliner Handballs. Sie bekamen später viel Lob für ihren Auftritt in Litauen

Handballsponsor *Bernd Lorenz* hatte einen großen Bus besorgt und ließ es sich nicht nehmen, selbst mit seinen Handballern stimmungsvoll im Reisebus mitzufahren. Während das übrige Präsidium – Präsident *Helge Rippel* und sein *Vize Erwin Hohenester* - den Strapazen der Reise ausweichen und den bequemeren Weg mit dem Flugzeug nahmen. Mit dem Bus ging es über Frankfurt/Oder über damals noch schlechte Straßen über Warschau durch das noch düstere Polen zur russischen Grenze nach Brest. Danach noch ein Stück durch die UDSSR in Richtung Moskau, ehe sie dann nach Norden in Richtung Litauen in die litauische Hauptstadt Vilnius abbogen. Peinlich wurde es zuvor noch am Grenzübergang nach Russland, als durch das viele Stop and Go im Grenzbereich die Batterie ihres Dornieden- Schlachtschiffes den Geist aufgab und 60 kräftige Handballerarme den Bus über die Grenze schieben mussten. Schon beim Überschreiten der Grenze nach Litauen veränderten sich die Landschaft und die Straßen, obwohl Litauen zu diesem Zeitpunkt immer noch eine Republik der Sowjetunion war. Die Landschaft wirkt frischer und farbenfroher und die Straßen wurden besser. Am Straßenrand trafen wir bei einer Rast auf freundliche Menschen. Eine alte Frau bot der Truppe Äpfel aus eigener Ernte an. Sie nahmen den ganzen Korb und geben ihr einen für sie fürstlichen Lohn. Überglücklich ging sie von dannen und wünschte ihnen viel Glück für ihre wietere Reise. Die Preussen freuten sich, einen alten Menschen glücklich gemacht zu haben. Nach 24 Stunden Busfahrt erreichten sie dann auch wohlbehalten Kaunas und wurden dort von ihren neuen Freunden bereits am Stadtrand herzlich begrüßt.

Die Preussenfunktionäre wurden alle in einem Hotel untergebracht, die Spieler schliefen in einer Jugendherberge. Am Abend gab es in einem sozialistischen Arbeiterheim ein geselliges Beisammensein mit viel, sehr viel Wodka, natürlich nur für die Erwachsenen. Unser Held hatte genug Cola im Bus gebunkert. Dass genug Wodka zur Verfügung stehen würde, davon war er ausgegangen. In vielen Reden der Offiziellen wurde des geschichtlichen Anlasses dieser Reise Rechnung getragen.

Für den nächsten Tag war ein Stadtbummel durch Kaunas angesagt, das sich als eine sehr saubere und schöne Stadt präsentierte. Am Nachmittag wurden dann die Spiele der mA-Jugend und mB-Jugend durchgeführt. Der Weihe des geschichtlichen Augenblicks geschuldet, wurden vor dem Spiel der A-Jugend die Nationalhymnen von Litauen und Deutschland gespielt und auch beide Fahnen hochgezogen.

1989/90 werden für alle Preussen ereignisreiche und denkwürdige Jahre. Unser Held – beruflich wie privat stark betroffen -, nutzt die Gelegenheit für sich und die Preussenhandballer. Nur kurz gehen seine Gedanken an die Zeit von vor 29 Jahren zurück, als er vom Handballfeld in die Kaserne musste und alles in Alarmstufe lag, weil die „DDR" eine Mauer gebaut hatte. Und heute? Deutschland auf dem Wege zur Wiedervereinigung, das war schon Wahnsinn.

Schon wenige Tage nach dem Fall der Mauer war unser Held unterwegs in Sachen Handball. Von Rangsdorf, Ludwigsfelde, Mahlow, Teltow bis Kleinmachnow, Stahnsdorf und nach Potsdam war er täglich unterwegs, um Kontakte mit Handballern zu knüpfen. Am noch bestehenden Kontrollpunkt in Lichterfelde Süd war sein blauer Daimler schon bekannt, und wenn er ankam, hieß es bei den Vopos: *„Schranke hoch, der Handballboss der Preussen kommt."*

So fanden rund 80 junge Handballerinnen und Handballer aus dem Umland, in dessen Vereinen der Handball darnieder lag, eine neue sportliche Heimat bei den Preussen. Viele sportliche Spitzenhandballer wie u.a. *Steffen Böhme, Swen Bodenstein, Maik Günther* und *Alexander Schwabe* sowie *Antje Kretschmer* und *Susanne Lorenz* mit ihrer gesamten weiblichen B-Jugend und Teilen der weiblichen C-Jugend samt Trainerin werden mit ihren Namen den BFC Preussen im Handball noch über viele Jahre prägen.

Schon 1990 gründen die Preussen in Potsdam ihre erste Handballschule mit über 100 Mitgliedern, die frisches Handballblut in die Insel Berlin bringen. Mitte des Jahres zieht der Boss einen dicken Fisch an Land. Der Nationaltorwart der ehemaligen „DDR" – *Jörg Paulick* – 74 Mal für die „DDR" im Einsatz - wechselt die Fronten und steht zukünftig bei den Preussen zwischen den Pfosten und übernimmt das Torwarttraining aller Torwarte der Preussenhandballer. Später wird er auch ein wichtiger Funktionär beim HVB. Dann stößt 1991 aus Kassel *Stefan Usee* zu den Preussen – ein Mann, der die Jugendarbeit der Preussen im nächsten Jahrzehnt nachhaltig gestalten wird.

Kapitel 28 – Handball in der Nach-Wendezeit

Am 3. Oktober 1990 ist Deutschland wiedervereinigt und Berlin wird wieder Hauptstadt des ganzen Deutschland. Unser Held bekommt eine neue Aufgabe bei der Berliner Polizei. Mit dem Aufbaukommando Ost wird er der *„Hauptmann von Köpenick"* und übernimmt den Aufbau des Kontaktbereichsdienstes der Berliner Polizei in Köpenick. Doch darüber später mehr, wenn wir uns wieder den Dingen bei der Polizei zuwenden.

Am 16. Oktober 1990 feiert er zunächst mit viel Prominenz aus Politik und Sport seinen 50. Geburtstag auf einer Riesenparty im Preussen-Casino. In der Uniform eines Volkspolizisten tanzt er ausgelassen in sein sechstes Lebensjahrzehnt. Die 1. Männer haben ihm eine tolle Party ausgerichtet.

Am 21. August 1991 begrüßt unser Held als Pressechef des BFC Preussen beim *„ 6. Tag des Sports"* im Preussenstadion neben 3500 Zuschauern die politische Prominenz des Bezirks, unsere amerikanischen Freunde und wieder als treuen Gast den Schirmherrn der Veranstaltung, den Regierenden Bürgermeister von Berlin, *Eberhard Diepgen.* Gemeinsam feiert man die deutsche Wiedervereinigung und beschließt den Tag mit einem tollen Feuerwerk, das Lankwitz erstrahlen lässt.

Auch die Wahl der *„Sportler des Jahres"* auf dem Festball der Preussen 1990 steht unter dem Zeichen der Zeit. *„Sportlerin des Jahres"* wird die Handballerin *Antje Kretschmer,* die aus Potsdam zu den Preussen gestoßen ist und schon in kurzer Zeit für sportliche Furore auf der Berliner Handballbühne gesorgt hat. *„Sportler des Jahres"* wird der Handballer *Michael Seeger*, stellvertretend für alle Handballer, die als Botschafter von Berlin und den Preussen auf der Litauenfahrt dabei waren und dort einen denkwürdigen Eindruck hinterlassen hatten, als Sportler und als Menschen.

Als die Handballer von Granitas Kaunas dann 1991 zum erneuten Besuch zum *„Preussen-Cup 1991"* nach Berlin kommen, besuchen sie schon die deutsche Hauptstadt Berlin. Als sie auf dem Ostbahnhof von ihren Freunden abgeholt werden, erleben sie ein weiteres Stück Weltgeschichte pur. Über Radio erfahren sie auf dem Weg ins Preussen-Casino, dass der Staatschef der Sowjetunion *Michael Gorbatschow* per Dekret die Sowjetrepublik Litauen in die Selbstständigkeit entlassen hat. Großer Jubel brach unter den Freunden aus Litauen aus und bei einer erneuten Stadtrundfahrt konnten sich unsere Freunde aus Litauen auch noch als *Mauerspechte* an der zusammengerochenen Berliner Mauer betätigen und Teile der Mauer als Andenken mit in die Heimat nehmen.

Die Minihandballer der Preussen, aus den Handballschulen Berlin und Potsdam, veranstalten bereits den 2. Preussen-Mini-Cup mit über 100 Teilnehmern vor rund 200 Zuschauern in der Steglitzer Carl-Diem-Sporthalle.

Unser Held treibt derweil seine Handballer mit Macht nach vorn und gibt die Devise für die nächsten 10 Jahre aus. *Mit der Kraft der eigenen Jugend an die Macht.* Große Worte, denen aber in den nächsten Jahren auch viele Taten folgen.

Kurz vor der 100-Jahrfeier des BFC Preussen, im Oktober 1993, wirft Präsident *Rippel* das Handtuch. Der BFC Preussen steht vor dem finanziellen AUS. Unermessliche Kosten und Abgaben drückten den Verein in die Knie und alles sprach von Aufgabe. Nicht so unser Held. Auf einer dramatischen Delegiertenversammlung im Preussen-Casino schwor er die großen Abteilungen zum Kampf ein. Er war es wieder, der als Feuerwehrmann an die Spitze einer Troika als Präsident gewählt wurde, um das sinkende Schiff wieder ins Fahrwasser zu bringen. Er stand auf der Brücke, 190 Zentimeter groß und 135 Kilo schwer, seine kräftige Hand gab die Richtung vor und die konnte nur heißen: Nach vorn. Vorbei war die Zeit der leisen Töne, es wurde wieder Klartext geredet und deutlich gesagt, was gesagt werden musste. Auf einer großen emotionalen Pressekonferenz im *geschichtsträchtigen Cecilienhof* anlässlich der bevorstehenden 100 Jahrfeier der „alten Preussen" diktierte er den anwesenden Journalisten in ihre Bandgeräte: *„Es wird Zeit, die Glaceehandschuhe auszuziehen und mit Verstand die Fäuste zu bandagieren, die Zunge zu schärfen und die Stimme um einige Oktaven zu erhöhen, den Verstand auf KLAR zu stellen, damit auch dem letzten im Senat, im LSB und im Bezirksamt, aber auch allen Mitgliedern die Erkenntnis zuteilwird, es ist nicht fünf Minuten vor zwölf, es ist zwölf"*.

In einem Kraftakt sondergleichen gelang es dieser Troika, wieder Wasser unter den Kiel des Preussenschiffs zu bringen. Er gab die Kommandos und wies die Richtung und er ging wieder voran, wie immer, lautstark, direkt, ehrlich und willensstark Er brachte Ideen, Sponsoren, Banken, Senat und Bezirk auf Trab, er brachte das schlingernde Schiffe wieder in Fahrt und er riss sie alle mit.

Neue Einnahmequellen wurden erschlossen, aus den Parkplätzen wurde ein Markt für Autos, Obst und Gemüse und zur Weihnachtszeit konnte man dort auch Tannenbäume erwerben. Neue Sponsoren wurden gewonnen. Er machte der Politik, den großen Verbänden und der Bank gewaltig Dampf unter den Kessel. Dass er dabei die Jubelfeiern zum 100. Preussenjahr in hervorragender Manier und im echten Preussengeist organisierte, versteht sich von selbst.

Auf seiner Laudatio in der Lankwitzer Siemensvilla anlässlich des Festaktes zum 100. Preussengeburtstag vor vielen geladenen Gästen und

Prominenz aus Politik, Wirtschaft und Sport – unter anderem war eine Delegation aus Litauen mit dem Innenminister der Republik Litauen anwesend -, würdigte der kurz zuvor in den Ruhestand getretene Bürgermeister von Steglitz *Klaus-Dieter Friedrich* unseren Helden als ein Stück lebendiger Preussengeschichte und überreichte ihm die Ehrenurkunde des Bundespräsidenten der Bundesrepublik Deutschland, Richard von Weizsäcker, für die Verdienste des BFC Preussen um den deutschen Sport. Der Innenminister der Republik Litauen übergab ihm persönlich das Ehrenband der Republik Litauen für seine Verdienste zur Völkerverständigung.

Zum Jubiläumshandballturnier des BFC Preussen machte unser Held dem Verein und sich selbst das größte Geschenk. Mit dem Europapokalsieger Granitas Kaunas und dem SKA Minsk aus Weißrussland (identisch mit der Juniorennationalmannschaft) nahmen neben zahlreichen deutschen Spitzenmannschaften zwei internationale Top-Teams der Extraklasse am *„Preussen-Cup 1994"* teil. Der BFC Preussen schenkte damit der Berliner Handballgemeinde den Leckerbissen des Jahres 1994. So gab es dann an zwei Tagen Klassehandball in Steglitz zu sehen, vor ausverkauftem Haus in der Carl-Diem-Sporthalle.

Preussens Handballer waren nun heiß und wollten die Vorgaben ihres Chefs erfüllen. So schaffte die mA-Jugend erstmals in der Vereinsgeschichte das große Double. Der Boss tobte jubelnd durch die Schöneberger Sporthalle, als Trainer *Peter Wiggert* im Endspiel um die Berliner Pokalmeisterschaft vor rund 900 Zuschauern, davon circa 250 Fans des BFC Preussen, gegen den hohen Favoriten – VfL Lichtenrade – mit seinen Jungs den Titel Berliner Pokalmeister einfuhr. Mit dabei schon die ersten Spieler aus dem Berliner Umland wie *Steffen Böhme, Maik Günther, Swen Bodenstein* und *Alexander Schwabe*. Kurz danach übernahm *Peter Klippel* die Mannschaft und führte sie dann sensationell auch noch zur Berliner Meisterschaft. Dadurch stieg die Mannschaft in die Regionalliga Nord/Ost, damals die höchste deutsche Jugendspielklasse, auf. Für viele Jahre spielte Preussens A-Jugend neben dem TSV Rudow erfolgreich in dieser Klasse.

1994 wurde unser Held für seine Verdienste um den BFC Preussen zum Ehrenmitglied ernannt. 54 Jahre und kein bisschen müde. 54 Jahre, auf dem Weg zum Greise, aber noch meilenweit davon entfernt. Obwohl die Gesundheit schon gewaltig mit dem Zaunpfahl gewunken hatte, steckte er immer noch voller Ideen und stürzte sich in immer wieder neue Abenteuer mit seinen Handballern. Erholung suchte er mit seiner Familie in all den Jahren auf seiner geliebten Nordseeinsel Föhr oder nach der Wende auch an der Ostsee auf Usedom. Usedom hatte er durch den Handball kennen und schätzen gelernt, denn der HSV Usedom gehörte in den Regionalligazeiten zu den Gegnern der Preussen und die Fahrt dorthin war immer sehr beliebt. So manches Mal wurde noch ein Erholungstag hinten drangehängt. Auf Föhr hat er denn auch mit seinem Sohn *Stefan* den einzigen Marathonmarsch seines Lebens gewagt. Einmal *Rund um Föhr* – 42 km, soweit die Füße trugen.

1995 übernahm er dann in Zusammenarbeit mit dem ATL den gesamten Jugendleistungsbereich im Südwesten von Berlin. Die Jugendmannschaften dieser SG bringen viele Meistertitel nach Lankwitz: 7x Berliner Meister, 9x Berliner Vizemeister, 6x Berliner Pokalsieger, 3 x Norddeutscher Pokalsieger, 2 x Norddeutscher Meister und einen 3. Platz bei der deutschen Meisterschaft. 22 Handballmannschaften waren nun jährlich für den BFC Preussen in Handballberlin unterwegs und fuhren viele Erfolge ein. Namen wie u.a. *Uwe Jansen, Markus Schmöker* und *Sören Stoye* brennen sich in die Geschichtsbücher der Preussenhandballer ein.

Zum Jahreswechsel 1995/1996 übergab er dann einen wieder im Fahrwasser befindlichen Verein an den neuen Präsidenten *Siegfried Jünemann,* denn er wollte sich jetzt wieder voll um seine Handballer kümmern.

Unser Held bringt die Handballer weiter nach vorn und will den Erfolg jetzt auch breiter streuen Die Trainer *Frank Effenberger* und *Gregor Grundhöfer* bauen die Erfolge der 1. Männer weiter aus, und die 1. Männer marschiert durch die Klassen. Mit dabei auch Männer wie Torwartlegende *Lars Gottschalk, Christian Aulig und Michael Arens-Fischer,* die auch heute noch dem Ball beim BFC Preussen nachjagen, wenn auch im ruhigeren Fahrwasser.

1997 ist der nächste erwähnenswerte Eckpunkt. Die mD-Jugend mit Trainer *Hans-Jürgen Schmidt* erreicht das zweite große Double der Preussen und wird Berliner Meister und Berliner Pokalsieger. Mit dabei schon Spieler wie sein Sohn *Sven Plötz, Paul Bachmann, Emil Afradzan* und *Matko Cubic.* Namen, die in Preussens Handballkreisen auch heute noch einen guten Ruf haben und für Handballqualität sprechen.

Aber auch die 1. Männer unter Trainer *Gregor Grundhöfer* steigen 1997 erstmals in der Vereinsgeschichte in die Berliner Oberliga (damals höchste Berliner Spielklasse) auf. Dort spielten damals noch die Füchse Berlin. Auch hier sind die Preussen nicht aufzuhalten. 1998/99 schaffen sie das dritte Double und werden Berliner Meister und Berliner Pokalsieger und schlagen dabei im Pokalendspiel sensationell die Füchse Berlin. Dadurch steigen sie nun erstmalig in der Vereinsgeschichte überregional in die Regionalliga Nordost auf.

1998 werden die Preussen-Handballer für hervorragende Jugendarbeit und Talentförderung in Deutschland mit dem „Grünen Band des Sports" des DSB und der Dresdner Bank als zweiter Berliner Handballverein, nach dem TSV Rudow, ausgezeichnet. Den auf 10.000 D-Mark dotierten Scheck kann unser Held leider nicht selbst übernehmen, denn er liegt im Krankenhaus. Aber er kommt wieder, keine Frage. Inzwischen nimmt der Jugendkoordinator *Stefan Usee* die Ehrung als Anerkennung für seine unermüdliche Arbeit für den Aufbau der Jugendarbeit und der guten Zusammenarbeit mit den Steglitzer Schulen und den Preussen-Handballern entgegen.

Das bisher erfolgreichste Jahrzehnt der Preussenhandballer in ihrer bis dahin 76-jährigen Geschichte und das 2.Jahrtausend der Neuzeit neigten sich dem Ende zu. Dem Ende zu neigte sich auch eine der Lebenssäulen unseres Helden.

Kapitel 29 – Herr Kommissar mit Kontakt

Bevor wir im Jahre 2000 da landen, wo diese Geschichte begann, nämlich in der kleinen Sportlerkneipe am Rande der großen Stadt neben der großen Sporthalle, gehen wir noch einmal zurück in das Jahr 1975.

Unser Held war dem Ruf des neugegründeten Polizeiabschnitts 45 am Lichterfelder Augusta-Platz gefolgt. Hier bekam er einen Stammpartner und war die nächsten Jahre wieder mit dem Funkwagen unterwegs. Die Einsätze waren auch hier wieder abwechslungsreich und interessant. Mit seinem Kollegen Volker – 130 Kilo schwer und 2,05 Meter groß, bildete er eine schlagkräftige Einsatzeinheit. Sie wurde schnell als *Prügelstreife* bekannt. Nicht, weil sie alles verkloppten, was ihnen vor die Fäuste kam, sondern weil die Funkbetriebszentrale, die immer Bescheid wusste, wenn die beiden auf Streife waren, bei Streitigkeiten in Lokalen oder sonst wo immer ihren Funkwagen zum Einsatzort schickte. Das sprach sich schnell herum, und so waren bald alle Streitigkeiten bei den Beteiligten bereinigt, sobald sie erfuhren, wer zum Einsatzort kommen würde. In Erinnerung bleibt ein Einsatz im Steglitzer Fuchsbau. Ein bezirksbekannter Dachdecker, ein ansonsten gemütlicher Zeitgenosse, rastete immer einmal im Monat alkoholbedingt völlig aus und demolierte dann in seinem Stammlokal die Einrichtung. Da sich keiner traute, dieses Kraftpaket zur Raison zu bringen, rief der Wirt dann regelmäßig die Polizei. Einmal war nun auch unser Held mit seinem Partner dran und sie kamen zum Lokal. Unser Dachdecker, nur 1,50 Meter groß, stand im Lokal mit dem Rücken zum Eingang und drohte, stark unter Alkohol, zwei Gästen Prügel an. Zur Unterstreichung seiner Absicht hatte er ein abgebrochenes Stuhlbein in der Hand. Plötzlich kamen unsere beiden Helden ins Lokal. Ihre Körper warfen einen riesigen Schatten auf die Szene. Unser Schläger drehte sich blitzartig um, und seine Augen trafen in Höhe des Bauchnabels auf den Kollegen Volker. Langsam ging sein Blick nach oben. Er musste seinen Kopf stark nach hinten knicken, um die volle Höhe des Kollegen zu erfassen. Entgeistert murmelte er: *„Mann, ist der groß"*. Das Stuhlbein entglitt seinen Händen und die Situation war bereinigt. So oder so ähnlich konnten die beiden viele eskalierte Situationen bereinigen. Unser Held spielte mal mit einem Randalierer Handball, indem er ihm einen Stuhl zuwarf und dieser daraufhin die abgeschlagene Bierflasche in seiner Hand fallen ließ, um stattdessen den heranfliegenden Stuhl zu fangen. Aber wer die Schlagkraft der beiden bezweifelte, konnte auch schlechte Erfahrungen sammeln. Die endeten dann meistens im Rettungswagen der Feuerwehr.

Unser Held spezialisierte sich mit kriminalistischer Gründlichkeit auf die Bearbeitung und Erforschung von Verkehrsdelikten. Seine Berichte waren schon damals umfangreich und lesenswert und flüchtige Unfallfahrer wurden dank seiner Hartnäckigkeit auch über die Grenzen des Streifenbezirks mit kriminalistischer Feinarbeit aufgespürt. Das erkannte auch der Chef der Verkehrsabteilung und schickte ihn auf einen Verkehrsrechtslehrgang. Dort wollte man ihn nach Abschluss des Lehrgangs gleich behalten.

Er aber wollte zurück nach Steglitz, in die Nähe seiner Wohnung und seiner Preussen, denn so konnte er Arbeit und Sport immer gut verbinden. Organisation ist eben alles. So zog er dann wieder ein Stockwerk höher und machte einen erneuten Karrieresprung zum Polizeihauptmeister. Das konnte sein Vater noch miterleben und sehen, dass sein Sohn dauerhaft im Beruf vorangekommen war. Er hatte 1973 auch noch das erhebende Gefühl, Opa geworden zu sein, erleben dürfen, bevor er dann 1976 verstarb. Unser Held war nun der Führung näher und 1983 war es dann soweit: Die Polizeischule Spandau rief zum Lehrgang zum gehobenen Dienst. Herr Kommissar sollte es nun auch noch werden. Begierig und voller Tatendrang zog er zum zweiten Mal in die Polizeischule Spandau ein.

Auch diesmal war es wieder ein voller Erfolg; im Verkehrsrecht schloss er sogar als Lehrgangsbester ab. Er wollte auch schnell wieder nach Hause, denn die Familienvergrößerung stand auf der Agenda. *Sven* war unterwegs, und am 14. Februar 1984 war es dann so weit. Damit diesmal auch alles gut ging, nach der Fehlgeburt von 1979, war er selbst mit im Kreißsaal und half dann auch kräftig mit. Stolze Eltern empfingen Preussens neuen Torwart auf dieser Welt. In der Emilienstraße begrüßten dann alle Nachbarn und Freunde den neuen Preussen mit einem Riesenfeuerwerk.

Da waren die Abschlussprüfungen auf der Polizeischule dann nur noch ein Klacks und in Strafrecht, Staatsbürgerkunde und Verkehrsrechte dozierte er vor der versammelten Prüfungskommission.

Leider ging es nicht zurück zum Abschnitt 45, denn da war zurzeit keine Planstelle frei. Die andauernde Polizeireform hatte schon wieder etwas Neues hervorgebracht. Der Kontaktbereichsdienst war erfunden worden. So ging unser Held als Kommissar des Kontaktbereichsdienstes zum Abschnitt 47 nach Marienfelde und blieb damit auch in seinem 25. Dienstjahr in seinem Steglitzer Kiez und damit dicht bei zu Hause. Er konnte nun seine gewachsene Familie immer unter persönlichen Polizeischutz stellen.

Kontakt sollte er halten zur Bevölkerung, den Wirtschaftsbetrieben, den Wohnungsbaugesellschaften und Schulen seines Kiezes. Da war er auch der richtige Mann, denn nun konnte er mit vielen Menschen reden und organisieren. Probleme zu bewältigen war nun seine große Aufgabe, und das nicht nur im zwischenmenschlichen, sondern auch im verkehrstechnischen Bereich. Dass dabei auch der eine und andere Sponsor der mittelständischen Wirtschaft für den BFC Preussen abfiel, bedarf keiner besonderen Erwähnung, denn auch die polizeiliche Begleitung vieler bezirklicher Veranstaltungen gehörte zu seinem Verantwortungsbereich. Auch für seine Gesundheit war er aktiv geworden. Frau und Söhnen wollte er Vorbild sein und verbannte seine Glimmstängel ab sofort aus Wohnung, Auto und Büro. *„Mein jüngster Sohn wächst nicht in einer Räucherkammer auf"* - und Uschi konnte die Reinigungsintervalle für die Gardinen im Haushalt erheblich ausdehnen.

Bevor nun in Deutschland 1989 ein Hauch von Weltgeschichte durch die Zeitzonen drang, musste er zum vorletzten Mal seinen Dienstsitz wechseln. Die Berliner Polizei leistete sich ein neues Dienstgebäude und der Abschnitt 47 zog nach Lichtenrade um. Sein Distrikt blieb aber im Marienfelder Kiez an der Waldsassener Straße.

Sein Jüngster war dem Großen in die Steinwaldschule gefolgt, während der Große auf dem Sportgymnasium Luise Henriette in Tempelhof seinen Einzug hielt.

Wir schreiben das Jahr 1989. Sein 30. Dienstjahr und die letzten elf Dienstjahre waren für unseren Polizeioberkommisar angebrochen. Die Welt stellte sich auf den größten geschichtlichen und politischen Wirbelsturm nach dem 2. Weltkrieg ein. 1988 hatte der damalige Präsident der USA, Ronald Reagan, in seiner Rede vor dem Brandenburger Tor gerufen „Mister Gorbatschow – open this Gate". Nur Monate später, am 9. November 1989 war es so weit. Die Berliner Mauer fiel in sich zusammen, und auch der „Eiserne Vorhang" wurde zu einer Zeiterscheinung degradiert. Das war für unseren Helden eine sehr emotionale Angelegenheit, hatte er doch den Bau der Mauer und damit die Zementierung der deutschen Teilung als Berliner Polizist und Frontstadtberliner miterlebt. Am 3. Oktober 1990 war es dann soweit. Deutschland war wiedervereinigt und Berlin wieder die Hauptstadt eines ganzen Deutschlands. Wieder zogen, erstmals nach 1942, deutsche Uniformen gen Osten- Diesmal nicht mit Panzern und Schützenkampfwagen, sondern im Daimler, BMW, VW oder Ford. Wie leicht hätte die Marschrichtung aber auch eine andere sein können.

Kapitel 30 – Hauptmann von Köpenick

So begeht unser Held nun seinen letzten dienstlichen Stellungswechsel. Das Ziel ist der schöne Berliner Bezirk Köpenick am herrlichen Müggelsee. Dort liegt die letzte Residenz unseres Helden zwischen dem Rathaus Köpenick, in dem einstmals der legendäre *„Hauptmann von Köpenick"* seine Taten vollbrachte und dem Köpenicker Wendenschloß am Langen See, einer der schönste grünen Flecken der großen Stadt Berlin, der Abschnitt 66 in der Karlstraße. Schon Tage vorher war er in Uniform über Teltow, Mahlow und Schönefeld nach Köpenick gefahren, um seinen neuen Distrikt zu erkunden. Es war schon seltsam, wenn man durch die südlichen Berliner Randgemeinden fuhr und die noch anwesenden Vopos am Straßenrand freundlich grüßten. Da hatte unser Held noch ganz andere Bilder von der innerstädtischen Grenze im Kopf.

Dann war es soweit. Am 3. Oktober 1990 setzte er sich an die Spitze des Zuges, der sich *„Aufbaukommando Ost"* nannte, nach Köpenick in Bewegung, um hier seinen letzten Dienstsitz als *„Hauptmann von Köpenick"* in Angriff zu nehmen. Als sie zunächst die alten Gebäude am Straßenbahnhof Wendenschloß belegten, wurden sie von ehemaligen Vopos in Empfang genommen, mit denen sie nun in der Zukunft gemeinsam Dienst versehen sollten.

Mit abtastenden, aber auch neugierigen Blicken wurden sie von den Vopos empfangen, hatte man doch bis vor wenigen Tagen jeder auf einer anderen politischen Seite Dienst getan. Nun sollte man die Probleme gemeinsam in die Hand nehmen und einer einvernehmlichen Lösung zuführen. Jeder Wessi bekam einen Ossi zugeteilt und nun sollten sie sich gegenseitig befruchten. Das würde sicherlich noch einige Jahre dauern, bis da etwas Sinnvolles herauskommen würde! Zunächst einmal staunten die Westkollegen, unter welchen Arbeitsbedingungen ihre neuen Kollegen bisher zurechtkommen mussten.

Das betraf einerseits die Räumlichkeiten, in denen sie ihren Dienst versehen mussten, aber auch die technischen Voraussetzungen des täglichen Einsatzes. Anfangs gingen sie noch – wie die Russen, die unser Held 1945 beim Einmarsch nach Berlin beobachtet hatte - in verschiedenen Uniformen in den Einsatz, da die Neueinkleidung ihre Zeit in Anspruch nahm. Die dienstlichen Verrichtungen ähnelten sich sehr, denn auch im Osten gab es schon einen Kontaktbereichsdienst, den sogenannten „*Abschnittsbevollmächtigten*", dem aber in vielen Fällen von der Bevölkerung der damaligen „DDR" viel Misstrauen entgegengebracht wurde. Hier galt es nun, neues Vertrauen bei der Bevölkerung aufzubauen.

Köpenick war einerseits ein Arbeiterbezirk mit viel Kleingewerbe, andererseits im Bereich Wendenschloß der Bezirk der politischen Bonzen, in dem sich viel Politprominenz und viele Stasi-Größen stattliche Villen gebaut hatten. Der Bereich Wendenschloß war nach dem Krieg lange Sperrbezirk, hier residierte einst auch der sowjetische Stadtkommandant von Berlin. Es war schon ein seltsames Gefühl für unseren Helden, als er dann 1992 die Räume der Villa eben dieses Generals durchstreifte. Vom Rathaus Köpenick fuhr 1992 noch eine Straßenbahn zum Wendenschloss, die unseren Helden stark an die Linie 96 erinnerte, die 1959 von Tempelhof nach Lankwitz fuhr. Die Wagen stammten vermutlich aus der gleichen Baureihe. Viele der Stasis hatten nach der Wende ihre Luxuswohnstätten fluchtartig verlassen, und man konnte jetzt noch viele ihrer Hinterlassenschaften bewundern.

Das größte Problem war sicher, gegenseitiges Vertrauen aufzubauen. Unser Held hatte da schon einige Erfahrungen sammeln können, denn sein Einflussbereich erstreckte sich ja jetzt nicht nur dienstlich als Bulle von Erkner bis Schönefeld, sondern auch als Boss des Handballs von Rangsdorf über Mahlow, Teltow, Stahnsdorf, Kleinmachnow bis nach Potsdam und auch schon in einige der Handballhochburgen in Ost-Berlin.

Sein neuer Partner *Achim* war ein echter Müggelheimer und ein gutmütiger älterer Riese, der ihm seine Heimat rund um den und auf dem Müggelsee sehr schnell geographisch näher brachte. Er sorgte auch dafür, dass alte Kameraden der Ostberliner Wasserschutzpolizei sich als Fremdenführer zur Verfügung stellten und mit ihnen eine tolle Rundfahrt über die Köpenicker Wasserwege unternahmen. Das war besser, als mit der Stern- und Kreisschifffahrt über Wannsee und Havel zu schippern, und ebenso schön. Auch menschlich kamen sie sich im Laufe der Zeit näher, und später haben sich die Familien öfter besucht, auch als die gemeinsame Dienstzeit durch die Pension beendet war.

Zu Hause lief das Leben auch in erfolgreichen Bahnen. Sein Sohn *Stefan* absolvierte auf dem Luise Henriette Gymnasium erfolgreich sein Abitur, und da auch er gestalten und formen wollte, strebte er zunächst die Laufbahn eines Landschaftsarchitekten an. Nach dem Abitur 1992 absolvierte er eine Lehre als Landschaftsgärtner, der sich dann 1997 ein Studium als Landschaftsarchitekt anschloss.

Der Aufbau in Köpenick erforderte viel Zeit und Geduld. 1994 musste unser Held den Dienst für einige Zeit unterbrechen. Das Herz muckte nach 54 Jahren rastloser Tätigkeit auf, und er musste ins Krankenhaus.

Kapitel 31 - Apollo 16

Aber auch hier konnte er es nicht lassen, sein Leben um interessante Anekdoten zu bereichern. Im Krankenhaus lernte er den Marienfelder Unternehmer *James Gene Bird* kennen, der in der Kitzingstraße ein kleines Chemieunternehmen besaß. Das war natürlich für seine spätere Sponsorentätigkeit bei den Handballern von Wichtigkeit (nicht mal im Krankenhaus war man vor unserem Helden sicher). Noch weitaus interessanter war aber seine Vergangenheit. *Oberst Bird* war der letzte Kommandant des US-Kriegsverbrechergefängnisses in Berlin Spandau und besaß einen illustren Bekanntenkreis, der sich nicht nur auf etliche Größen des 3. Reiches begrenzte.

In seiner Heimat Montana (USA) zählte auch ein Mann zu seinen Freunden, der zu der Zeit 1994 schon eine Weltberühmtheit war: *General Charles Duke, Commander der US Apollo 16 Mond-Mission,* der noch heute der Mensch ist, der sich bisher am längsten auf unserem Trabanten die Füße vertreten hat.

Oberst Bird, der nach seiner Militärzeit zunächst in die USA zurückgegangen war, kehrte später nach Berlin zurück und baute sein Unternehmen auf. Seine Berliner Villa war in groben Zügen nach den Entwürfen von Hitlers Baumeister *Albert Speer* entstanden, der damals unter Oberst Bird in Spandau eingesessen hatte.

1995 wollte dieser *General Duke* zu einer Vortragsreise nach Deutschland kommen und dabei auch seinen Freund in Berlin besuchen. Zu diesem Vortrag wurde selbstverständlich dann unser Held auch eingeladen. Am 19.12.1995 war es soweit. Im Berliner Hilton Hotel versammelte sich viel Prominenz, die den Worten des Generals hingebungsvoll lauschte, unter anderem auch unser Held. Als Gast war unter anderem auch der letzte Staatsratsvorsitzende der „DDR", *Egon Krenz,* anwesend. Unser Held bekam dann die Gelegenheit, sich eine Stunde mit dem Mann auszutauschen, der unsere Erde lange Zeit vom Mond aus betrachtet hatte und dabei auch eine neue innere Einstellung zum Glauben fand. Unser Held war zutiefst beeindruckt und wäre selbst gern mal in dessen Situation gewesen, durch das Meer der Sterne zu schippern. Er führte ein langes persönliches und sehr interessantes Gespräch mit dem General und er konnte dabei wieder seine Englischkenntnisse stark auffrischen. Das war eine Horizonterweiterung, von der unser Held auch heute noch träumt. Einmal zu den Sternen reisen und endlich die sagenumwobenen Aliens treffen, da geht sein Herz auf.

Später fand er auf der Veranstaltung Gelegenheit, seine Erfahrungen mit der deutschen Einheit auch mit dem letzten Staatsratsvorsitzenden der „DDR", *Egon Krenz,* auszutauschen. Dabei bestätigten sich seine Vermutungen von damals über die geistigen Fähigkeiten der *„Genossen Staatsmänner"* der „DDR" im vollen Umfang.

10. Dezember 1995 – Empfang im Hotel Hilton; vordere Reihe von links: Alexander Schwabe (Preussen-Handballer), Manne Plötz, General Charles Duke (Commander der Apollo 16), Egon Krenz (letzter Ministerpräsident der DDR). In der 2. Reihe rechts von Manne Plötz: Oberst Gene Bird, letzter Kommandant des Kriegsverbrechergefängnisses in Spandau. (Foto: privat)

Unser Held ermöglichte einem jungen Handballer, dem Teltower *Alexander Schwabe*, dem er nach der Wende persönlich den Weg zu den Preussen geebnet hatte, ebenfalls an dieser Veranstaltung teilzunehmen. Der durfte dabei seinen letzten Staatsratsvorsitzenden persönlich kennenlernen.

Auf Grund des großen Erfolges dieser Veranstaltung lud dann am 5. Oktober 1996 der Ministerpräsident von Brandenburg, *Manfred Stolpe*, den General erneut zu einer Vortragsreihe in die Brandenburger Residenz nach Berlin ein. Unser Held wurde ebenfalls wieder eingeladen, da er ja nun zum inneren Zirkel gehörte, und nutzte dies wieder zu interessanten Gesprächen. Er nahm wieder seinen Ziehsohn mit zu dieser Veranstaltung. Der konnte dabei nun auch seinen neuen Ministerpräsidenten *Manfred Stolpe* persönlich begrüßen. Sozusagen Staatsbürgerkunde am lebenden Objekt. **Oh Gott, dachte er am Abend, wenn ich das alles meinen Preussen erzähle.**

Kapitel 32 – Der Boss wird Filmstar

Das sollte aber nicht die letzte prominente Begegnung für unseren Helden gewesen sein. Ein Spieler der 1. Männer war beruflich beim Film engagiert. Unser Held hatte mal nach einer feuchtfröhlichen Siegesfeier im Preussen-Casino verlauten lassen, wenn er mal einen Schauspieler bräuchte, könne er gern auf ihn zurückgreifen. Unser Held hatte diese Aussage längst vergessen, als ihn ein dringender Telefonanruf erreichte.

Bei den Dreharbeiten zu einem Krimi mit *Iris Berben* aus der Reihe *„Kommissarin Rosa Roth"* war ein bekannter Schauspieler kurzfristig ausgefallen. Ob er einspringen könne, da seine Figur gut zu dem ausgefallenen Schauspieler passen würde. Unser Held zuckte zunächst leicht zusammen, sagte dann aber spontan zu. Es ging bei dem Krimi um eine U-Bahnentführung. Er sollte sich möglichst schon am gleichen Abend auf dem U-Bahnhof Deutsche Oper einfinden.

Unser Held stieg also in den Tunnel der U-Bahn am Bahnhof Deutsche Oper. Hier standen drei Waggons auf einem Abstellgleis. Einer war der Aufenthaltsraum für die Schauspieler, einer war für die Komparsen und in einem wurde gedreht. Unser Held wohnte für eine Woche im Schauspielerzug, in dem sich auch *Iris Berben* aufhielt. Man kam mehrmals ins Gespräch, und er erzählte viel von seinen Preussen und wie er zu der Rolle gekommen war. Er selbst hatte nur eine kleine Rolle zu spielen, einen Weihnachtsmann, der im Zug, der entführt wurde, als Fahrgast unterwegs war und die Fahrgäste bei der Entführung beruhigte. Sechs Tage dauerten die Dreharbeiten, und man musste immer auf Abruf bereit sein. Aber es war sehr interessant, mal mitzuerleben wie so etwas ablief.

Berlin, März 1996: Iris Berben und Manne Plötz bei den Dreharbeiten zu „Rosa Roth" (Foto: privat)

Nach einer Woche ging es wieder nach oben. Die Dreharbeiten wurden im KaDeWe mit einer Verfolgung über den Tauentzien und durchs Kaufhaus fortgesetzt. *„Ich brauche noch etliche Kinder im Kaufhaus"*, brüllte der Regisseur. Da kam *Iris Berben* auf die tolle Idee: *„Da kann uns sicher unser Weihnachtsmann mit seinen Handballjungs helfen."* Gesagt, getan. Unser Held beorderte seinen Sohn *Sven* mit der D-Jugend der Preussen zum Drehort. Da standen sie wenig später, *Sven Plötz, Paul Bachmann* und die D- Jugend der Preussen. *Iris Berben* kümmerte sich höchst persönlich um den Einsatz der Truppe. Die Jungs waren jedenfalls total begeistert und eine Aufbesserung des Taschengeldes gab es auch noch. Unser Held steckte selbstverständlich auch seine erste Gage ein.

Das war eine schöne Unterbrechung des Alltagstrotts, und Sven bemerkte dann abends zu seinem Vater, **oh Gott, wenn wir das unseren Preussen erzählen.**

Kapitel 33 – Abschied aus Köpenick

Zurück ging es in den Alltag nach Köpenick. Hier gab es zunächst ein herzliches Wiedersehen mit dem jungen Lehrerehepaar, das er damals am 9. November 1989 am Grenzübergang Bornholmer Straße kennengelernt hatte. Die beiden hatten ja damals erzählt, sie wohnten im Köpenicker Allende-Viertel. Da das ja jetzt in seinem Dienstbereich lag, entschloss er sich spontan, sie zu besuchen. Die Adressen hatten sie ja seinerzeit ausgetauscht Es gab ein herzliches Wiedersehen und die Freude war groß, als er in voller Uniform vor der Wohnungstür stand. Bei Kaffee und Kuchen gab es dann interessante Gespräche und er lernte nun auch den Sohnemann kennen, der auch viele Fragen auf Lager hatte.

Dann gab es am 1999 ein weiteres schönes Ereignis, dass das nahe Ende der dienstlichen Laufbahn unseres Helden in den Fokus holte. *„Polizeihauptkommissar Plötz zum Chef"* hieß es am frühen Morgen des 1. April 1999. Beileibe kein Aprilscherz. Ein Blick auf den Kalender belehrte jeden Ungläubigen, es jährte sich der Eintritt unseres Helden in die Berliner Polizei zum 40. Mal. Viel mehr kann man in einem normalen Polizistenleben nicht erreichen Also die Festtagsuniform angezogen und ab in die Direktion zum Chef des Aufbaukommandos Ost. Im Büro des Chefs sah es so richtig feierlich aus. Ein kleiner Snack und einige Getränke waren aufgefahren und etliche Polizeiführer waren angetreten und dann ging es los: *„Im Namen des Polizeipräsidenten von Berlin habe ich die große Ehre ...bla, bla, bla".*

Dann gab es noch eine Urkunde und viel Händeschütteln. Das war es dann für vierzig Jahre Dienst an den unmöglichsten Einsatzorten der deutschen Hauptstadt. Unser Held saß noch lange an seinem großen Schreibtisch in seinem Büro, der in all den Jahren auch dem BFC Preussen gedient hatte und sinnierte: **Oh Gott, da habe ich meinen Preussen aber viel zu erzählen.**

Der Rest der letzten Monate im Dienste der Berliner Polizei verlief mit Abschied nehmen von Bürgern und Betrieben, von Institutionen und von den Kollegen, und dann wurde die letzte Kiste am 1. Oktober des Jahres 2000 gepackt und ein Beruf und ein Jahrhundert und ein Jahrtausend verabschiedet.

Ja, und dann wären wir wieder da, wo dieses Buch begann. In der kleinen Sportlerkneipe am Rande der großen Stadt, neben der Sporthalle im tristen November im Jahre des Herrn 2000. Die mächtige Stimme des Riesen da vorn klang aus mit den Worten: *„ Ich hoffe, es hat Euch gefallen, und der eine oder andere hat sich wiedererkannt im Schwall der Erinnerungen und kommt mit mir zu dem Schluss. Auch wenn die Jahre enteilen, bleibt die Erinnerung doch, anstrengend war's, interessant war's, manchmal auch schlimm und nervig, aber schön war's doch!!!"*

Nachschlag

Hier endet die Geschichte – eigentlich. Aber da die Zeit weitergeht, während man die Erinnerungen aufschreibt, gäbe es schon wieder viel zu berichten. Nicht vom Bullen, diese Zeit ist endgültig vorbei. Aber der Boss ist weiter bei der Sache und bei den Handballern ging es noch ein gutes Stück weiter. Genaueres kann man auf der Website der Handballer in der Chronik nachlesen. Hier nur in aller Kürze ein Überblick:

Gemeinsam mit dem Vizepräsidenten des HVB *Michael Kulus* gründete unser Held 1999 die Berlin-Brandenburg-Liga und trug damit auch viel zum Zusammenwachsen der Länder Berlin und Brandenburg bei. Die Liga, als vierthöchste deutsche Liga angesiedelt, sollte auch den Leistungsabstand zwischen der Oberliga Berlin und der Regionalliga besser bewältigen. Diese Liga, zwischenzeitlich um das Land Mecklenburg/-Vorpommern erweitert, heißt heute Ostsee-Spree-Oberliga, und ist auch heute 2014 noch immer ein voller Erfolg.

1999 erhielt unser Held die goldene Ehrennadel des HVB, nachdem er bereits im Dezember 1997 die Ehrenplakette des LSB für besondere Verdienste um den Berliner Sport und die Ehrenplakette des Bezirks Steglitz für besondere Verdienste bei der Förderung des Sports im Bezirk Steglitz erhalten hatte. Im Mai 2000 erhielt er vom Senat die Ehrenplakette des Senats für besondere Verdienste um die Förderung des Berliner Sports.

Im Dezember 2000 musste er mangels Sponsoren und Inserenten seine geliebte Preussenzeitung einstellen, führte daraufhin aber seine Handballer ins Internetzeitalter.

Die 1. Männer hatte sich zwar 2000 in der Regionalliga sportlich gut gehalten, aber der Partner ATV hatte zum Jahre 2001 seine Mitarbeit aus finanziellen Gründen aufgekündigt. Allein wäre die Regionalliga auch für die Preussen ein zu großes Abenteuer geworden. So stieg man zum Ende der Saison dann freiwillig ab und fiel aber weich in die neu gegründete B-B-Liga. Die A-Jugend war zwischenzeitlich wieder in die Regionalliga aufgestiegen, mit dabei sein Sohn *Sven,* und die Preussen gehören 2003 zu dem Besten Berlins.

Nur knapp verfehlt die A-Jugend die Endrunde zur NOHV-Meisterschaft 2003. Am Ende sind es drei Tore, die fehlen. Trotz eines Handballspektakels im letzten Punktspiel gegen den SV Eberswalde, das sie vor vollem und begeistertem Adlerhorst mit **66:13** gewinnen, reicht es am Ende nur zu Platz 3. Mit *Paul Bachmann* ebnet er dem ersten Nachwuchsspieler der Preussen den Weg in die Bundesliga.

Sein Sohn *Sven* war zwischenzeitlich ebenfalls auf Tempo getrimmt. Neben der Karriere als Auswahltorwart machte er 2003 sein Abi und anschließend ein Praktikum zum Hotelkaufmann, entschloss sich dann aber für eine Lehre zum Industriekaufmann, die ihm mehr Zeit für seinen Handball ließ. Anschließend würde er ein Studium der Erziehungswissenschaften durchführen, denn die Arbeit mit der und für die Jugend lag ihm am Herzen.

Auf der Saisonabschlussfeier 2004 ist der Adlerhorst wieder bis auf den letzten Platz gefüllt. Die Mitglieder gratulieren dem Boss mit Standing Ovation zu seinem 50. Dienstjahr bei den Preussen-Handballern. 50 Jugendliche überreichen ihm je eine Rose, da bekommt auch dieser Handballriese unter dem tosenden Jubel der Handballgemeinde feuchte Augen.

Auf dem Gabentisch liegen auch besondere Geschenke. Die A-Jugend hat seinen Traum wahrgemacht und ist souverän Norddeutscher Meister 2004 geworden und hat in der Endrunde die SG Flensburg/Handewitt (deren 1. Männer ist gerade erstmals Deutscher Meister geworden) und die SG ASC/VfV Spandau geschlagen. Damit steht sie im Halbfinale der Deutschen Meisterschaft. Fünf Tore fehlen am Ende, um in das Endspiel gegen den SC Magdeburg vorzudringen. Am Ende wird der 3. Platz der Deutschen Meisterschaft erreicht hinter dem TV Kirchzell (der Kaderschmiede des TSV Großwallstadt), aber vor der Mannschaft von TUSEM Essen. Ein Traumerfolg, den es in der Geschichte des BFC Preussen noch nie gegeben hat.

Auch die 1. Männer des BFC Preussen wird in ihrer 4. Saison in der B-B-Liga sensationell Dritter und stellt mit 900 geworfenen Toren den erfolgreichsten Sturm der Liga. Die weibliche Jugend legt auch noch ein besonderes Geschenk auf den Gabentisch. Erstmals in der Vereinsgeschichte wird eine weibliche Mannschaft der Preussen Berliner Vizemeister und Berliner Vizepokalsieger.

Auch der Hauptverein sagt DANKE für 50 treue Jahre. Auf der Delegiertenversammlung wird unser Held, das Ehrenmitglied des BFC Preussen, mit der höchsten Auszeichnung bedacht, die der Verein vergeben kann: mit der goldenen Ehrennadel des BFC Preussen mit Brillanten. Unter dem tosenden Jubel der Anwesenden ernennt der Ältestenratsvorsitzende unseren Helden zum *Ehrenvorsitzenden.*

2005 wird ihm noch eine größere Ehre zuteil. Für sein Lebenswerk überreicht ihm der Staatssekretär des Berliner Senats, *Thomas Härtel,* im Namen des Bundespräsidenten der Bundesrepublik Deutschland, *Horst Köhler,* bei einer Feierstunde im vollbesetzten Preussen-Casino die *Bundesverdienstmedaille am Bande des Bundesverdienstkreuzes der Bundesrepublik Deutschland.*

Und die Erfolgsstory geht weiter. Die Berliner Trainerlegende *Peter Frank* übernimmt erneut 2006 die 1.Männer des BFC Preussen und soll sie zu neuen Ufern führen. 2006 misslingt der Aufstieg in die Regionalliga noch denkbar knapp. Am Ende der Saison bleibt nur der undankbare 2. Platz, aber schon ein Jahr später holt die 1. Männer der Preussen unter dem Riesenjubel ihrer Fans im ausverkauften Adlerhorst in Lankwitz gegen den SV Doberan die Meisterschaft in der Berlin-Brandenburg-Liga nach sieben Jahren B-B-Liga und steigt zum 2. Mal in der Vereinsgeschichte in die Regionalliga Nord/Ost (dritthöchste Liga in Deutschland) auf, diesmal aber bedeutend besser vorbereitet als im Jahr 2000. *„So mausern sich die Preussen in der Regionalliga als lupenreiner Amateurverein im Haifischbecken der Voll- und Halbpro-fis"*, titeln die Berliner Morgenpost und der Tagesspiegel. Die Gehälter, die die Preussen damals ihren Spielern zahlen, sind wirklich ehernen Amateurgedanken geschuldet. Die Spieler erhalten 25,00 bis 50,00 Euro im Monat als Fahrgelderstattung, je nach Trainings- und Spiel-beteiligung. Die Fahrten gehen in der Regionalliga von Flensburg, Usedom bis Cottbus und ein Bus kann immer nur für die ganz weiten Fahrten gechartert werden. Trotzdem sind die Spieler immer mit viel Einsatz und Freude dabei.

Nachdem *Bob Hanning* 2007 im Berliner Handballzimmer das Licht angeknipst und die Füchse Berlin wieder in der 1. Bundesliga etabliert hat, ist mit seiner Unterstützung im Lankwitzer Adlerhorst internatio-nale Luft eingezogen. Die Preussen sind im Berliner Handball der Kronprinz. 2007 begrüßen sie zum ersten Länderspiel im überfüllten Adlerhorst in Lankwitz die deutsche Juniorennationalmannschaft, mit dem ehemaligen Preussentorwart *Jens Vortmann* zwischen den Pfosten, im Freundschaftsspiel gegen die polnische Nationalmannschaft. Die Preussen müssen Sondertribünen im Adlerhorst an der Wedellstraße aufstellen, so groß ist das Interesse am ersten Länderspiel in Lankwitz. Viel Prominenz aus Politik und Sport können die Preussen in Lankwitz begrüßen und unser Held strahlt über alles, weil er mal wieder sein Organisationtalent beweisen kann.

Ferner gibt es nur zwei Monate später ein Spitzenturnier mit den Schweizer Erstligisten St. Gallen und Schaffhausen, den Füchsen Ber-lin und dem BFC Preussen, der sich in diesem hervorragend besetzten Turnier hervorragend schlägt. Auch die argentinische Nationalmann-schaft kommt zur Vorbereitung auf die WM 2007 in Deutschland in den ausverkauften Adlerhorst zu einem Freundschaftsspiel gegen die Füch-se Berlin.

Im ersten Jahr in der Regionalliga verschaffen sich die Preussen sehr viel Respekt. Ihr Punktspiel gegen den VfL Potsdam dürfen sie als Vorspiel vor der Bundesliga in der vollbesetzten Max Schmeling Sporthalle austragen. Sie landen gleich im ersten Jahr auf dem 8. Platz und haben mit dem Abstieg nicht das Geringste zu tun.

Im 2. Regionalligajahr gibt Trainer *Peter Frank* den Trainerstab an *Stefan Krai* weiter, da er sich dem Stress der vielen Auswärtsfahrten von Flensburg bis Cottbus nicht mehr aussetzen will. Die Mannschaft hat aber Blut geleckt und will mehr, und im letzten Spiel der Saison schaffen sie im ausverkauften Adlerhorst unter tosendem Jubel und Standing Ovation ihrer Fans den Sprung auf Platz 4 und gehören damit zu den besten Teams der Liga.

2009 verändert der DHB die Spielklassen und führt eine 3. Bundesliga ein. Dafür wird die Regionalliga gestrichen. 4. Liga wird nun die Ostsee-Spree-Oberliga aus den Bundesländern Berlin, Brandenburg und Mecklenburg/Vorpommern. Das gilt für Männer und Frauen. Für die A-Jugend gibt es für die kommende Saison eine Jugend-Bundesliga, und für die A- und B-Jugend ist die Ostsee-Spree-Liga nunmehr die höchste Spielklasse.

Auf der Mitgliederversammlung des HVB wird der Boss der Preussen zum Ehrenmitglied des HVB ernannt.

Sohn Sven hat inzwischen sein Studium der Erziehungswissenschaften intensiviert. Er kümmert sich nun vornehmlich um den Frauenhandball bei den Preussen und startet hier eine neue Erfolgsgeschichte. 2008 übernimmt er die Frauen in der Bezirksliga. Da sich die bisherigen Frauen seinem Leistungsgedanken nicht anschließen wollen, greift er auf die vorhandene eigene Jugend zurück und startet mit den Spielerinnen eine ungewöhnliche Erfolgsserie. Aufgestockt mit einigen erfahrenen Spielerinnen wie *Nicole Klante* vom Bundesligisten Tasmania und *Kirstin Helbig* von TMBW marschiert die junge Truppe durch die Klassen und erreicht 2011 die höchste Berliner Spielklasse, die Verbandsliga. Zwischenzeitlich ist die Spitzentorfrau vom OSC-Friedenau, *Conny Knebel*, zu den Preussen gestoßen und erweist sich als eine hervorragende Verstärkung. Die Mannschaft schafft auf Anhieb den Titel des Berliner Vizemeisters hinter der SG TMBW und beide Vereine steigen in die Ostsee-Spree-Oberliga auf. Die Preussen sind damit erstmals in ihrer Vereinsgeschichte im weiblichen Bereich überregional vertreten. Die Erfolge locken weitere Verstärkungen an. Von TMBW kommen *Verena Schöning* und *Sarah Koschak* und aus dem Spreewald kommt *Peggy Federsel* dazu.

Damit erreichen sie auf Anhieb den 7. Platz. 2013/14 stoßen sie nicht nur zum 3. Mal in Folge bis in das Final Four des HVB-Pokals vor, sondern erobern sensationell noch den Herbstmeistertitel in der Ostsee-Spree-Oberliga Vom Erstligisten Oldenburg kommt nun noch *Anja Bathelt* dazu, die es beruflich nach Berlin verschlagen hat. Am Ende ihrer 2. Saison aber belegen sie einen hervorragenden 5. Platz. Das hat seit Gründung der Handballabteilung 1927 noch keine Frauenmannschaft bei den Preussen geschafft.

Auch das Juniorteam der Preussen (2. Männer) feiert mit Trainer *Alexander Schwabe* tolle Erfolge. Auch sie steigen in wenigen Jahren bis 2010/11 von der Bezirksliga kommend in die Verbandsliga auf und werden auf Anhieb Berliner Meister und 2013 Berliner Vizemeister.

Die mD-Jugend schafft 2009 das 4. Double des BFC Preussen, Berliner Meister und Pokalsieger, ihr 2. Double nach 1997. Erfolge, die einen schwindlig machen können, zumal die mA- und B-Jugend sich nach der Bildung der SG mit dem VfL Lichtenrade sofort für die Ostsee-Spree-Oberliga qualifizieren und die A -Jugend ein Jahr später sogar für die Jugendbundesliga.

Ein freudiges Ereignis prägt das Jahr 2008 im persönlichen Umfeld. Sein Sohn Stefan wird Vater und er wird Opa. Enkel *Karl* erblickt das

Licht der Welt. Er bringt zwar einige gesundheitliche Probleme mit in diese Welt, die die Familie noch über viele Jahre mit Sorge erfüllen werden. Aber mit viel Geduld wird er immer mehr zum Sonnenschein der Familie

Der Handballboss wollte nach 54 Dienstjahren als Macher der Preussenhandballer seine Laufbahn eigentlich mit dem Aufstieg der 1. Männer in die 3. Bundesliga krönen. Aber Unstimmigkeiten zwischen Trainer *Stefan Krai* und der Mannschaft ließen dieses Vorhaben als ein sehr riskantes Unternehmen erscheinen, sportlich wie auch finanziell.

Der Handballboss kommt aber nicht mehr dazu, seine Bedenken zu artikulieren. Im Januar 2010 lässt eine schwere Blutvergiftung ihn in ein tiefes Koma fallen. Die ärztlichen Prognosen fallen sehr schlecht aus. Die Preussen bangen um ihren Boss. Aber der Bursche ist hart. Mit seiner Familie an seiner Seite wird er Sieger in diesem Kampf. Nach sechs Wochen erwacht der Riese wieder aus tiefer Finsternis, ist aber zunächst völlig bewegungsunfähig. Er ist ans Krankenbett gefesselt, ein langer Weg liegt vor ihm. Bis Anfang Februar 2011 bleibt er im Krankenhaus, und es kostet eisernen Willen, dass er wieder halbwegs auf die Beine kommt. Aber sein Lebenswille ist übermächtig und er kommt zurück auf die Bühne dieses Lebens.

Die 1. Männer ist zwischenzeitlich, erheblich durch Austritte dezimiert, aber dennoch qualifiziert, in die 3. Bundesliga aufgestiegen, aber wie erwartet am Ende der Saison wieder abgestiegen. Sie fiel aber relativ weich in die neugegründete Ostsee-Spree-Oberliga. Das Thema *Stefan Krai* wurde beendet und der ehemalige Spieler „*Hotte*" *Pöhl* übernahm das Traineramt bei der 1. Männer.

Ende 2011 las man dann im Newsletter erstaunlicher Weise wieder die ersten Berichte unseres Helden und bei der Mitgliederversammlung war er, zwar noch im Rollstuhl sitzend, wieder zu sehen und auch wieder deutlich zu hören. Wenn auch die Beine noch nicht wieder wollten, so war er im Kopf wieder klar und mit kritischen Beigaben schnell wieder dabei. So übernahm er dann 2012 wieder teilweise die Rekrutierung der Sponsoren und arbeitete in der Öffentlichkeitsarbeit wieder intensiv mit. Via online-Presse, Facebook, Newsletter sowie dem Heimspielprogramm war seine Stimme wieder laut und deutlich vernehmbar. Zum Beginn der neuen Saison 2013/14 war er wieder regelmäßig im Adlerhorst bei den Spielen seiner Preussen dabei. Wobei er viel Freude an der 1. Frauen hatte, die sein Sohn *Sven* ihm präsentierte.

Seine Augen leuchten, als Ende 2013 auch sein Enkel *Karl* erstmals bei einem Frauenspiel der Preussen durch den Adlerhorst tobt, selbstverständlich im Preussendress und mit Kopfhörern, wegen der begeistert tobenden Preussenfans. Und alle waren dabei: *Papa, Mama, Oma* und *Opa* und *Onkel Sven.* Nur wenige Tage später, am 1. Dezember 2008, feiert *König Karl* dann seinen 5. Geburtstag. Das war dann auch Grund genug für unseren Helden, sich aus dem Rollstuhl zu stemmen und wieder mit eigener Kraft durch die Halle zu laufen. Dafür gab es freudigen Beifall von den Preussen. Ein Anfang immerhin, aus dem noch mehr werden soll.

Am 2. Februar 2014 trafen sich die große Handballfamilie der Preussen und geladene Prominenz aus Politik, Wirtschaft und Sport zum *„Neujahrsempfang 2014"* im vollbesetzten Lankwitzer Adlerhorst. Zum einen gab es Standing Ovation der vollbesetzten Halle für den *„Handballboss"* für sein nunmehr 60. Dienstjubiläum für den BFC Preussen, zum anderen für die Ernennung des Hauptsponsors der Preussen-Handballer, *Ulrich Stern,* zum Ehrenmitglied des BFC Preussen.

Es wurde ein tolles Programm aufgeboten. Die Laudatio für den Boss hielt der Vizepräsident des LSB, *Reinhardt Freiherr von Richthofen-Straatmann,* der auch die goldene Ehrennadel des LSB überreichte. Für den HVB waren der ehemalige Präsident und der ehemalige Vizepräsident *Henning Opitz und Michael Kulus* und das Ehrenmitglied *Johannes Nicodemus* anwesend. In launigen Worten würdigte *Michael Kulus* die Arbeit unseres Helden in den letzten Jahrzehnten, die auch von vielen Gemeinsamkeiten geprägt war. Für das Bezirksamt bedankten sich die Stadträtin *Cerstin Richter-Kotowski* und Sportamtsleiter *Klaus Sonnenschein* und für den Verein Präsident *Karl-Heinz Ulbrich* und Abteilungsleiter *Uwe Franke*. Unter den zahlreichen Zuschauern waren viele Weggefährten aus den letzten Jahrzehnten, u. a. *Peter Wiggert, Jörg Paulick, Hanjörg Heneke, Manuel Marquardt,– Jerzy Konik*. Höhepunkt des Abends war ein Freundschaftsspiel von *Mannes Veteranen* gegen *Mannes Jungtalente*.

Bei den Veteranen fanden sich hinter Trainer *Peter Frank* Leute wie *Lars Gottschalk* im Tor und *Michael Arens-Fischer, Ulli Stern, Chris Traulsen, Thomas Groth, Manuel Marquardt* und sein Sohn *Stefan*. So stand er dann erstmals mit seinem Großen in einer gemeinsamen Mannschaft. Unser Held ließ es sich nicht nehmen, den Anwurf mit seinem Sohn *Stefan* selbst durchzuführen. Das waren insgesamt 114 Jahre Handballkraft. Bei den Jungtalenten sahen wir Frauen und Männer aus der Talentschmiede des BFC Preussen, die noch heute für die Erfolge der Handballer verantwortlich zeichnen, unter anderem sein Sohn *Sven*. Den Zuschauern wurde ein interessantes und unterhaltsames Spiel geboten, das dem Anlass entsprechend Unentschieden endete.

Obwohl er im Herzen immer ein Preussenhandballer war und ist, ist er für den BFC Preussen das „*Urgestein*" wie es in einem Artikel ausgedrückt wurde, „*mit dem Sportvereine auch noch heute überleben können*". Männer, die begeistert ihre Aufgabe erfüllen und diese Begeisterung auch auf andere übertragen. 135 Kilo Preusse, immer laut, nie leise, aber immer ehrlich und direkt, ein Mann, der den Weg weist und sagt, wie man ihn beschreitet und der auch vorangeht, ohne Umwege direkt zum Ziel.

Willst Du ein echter Preusse sein – musst Du sein wie dieses Urgestein, haben ihm seine Handballer ins Stammbuch geschrieben.

Epilog

Was gibt er den Preussen als Spieler, Trainer und Funktionär und der Welt im allgemeinen nun mit auf den Weg, um die Handballer des BFC Preussen weiter in der Erfolgsspur zu halten und uns allen eine Fortsetzung von Frieden und Freiheit in Berlin, Deutschland und Europa, auch über die nächsten Jahrzehnte als erweiterten Horizont zu erhalten?

Unser Held war in den letzten fast 75 Jahren viel in Europa und angrenzenden Ländern unterwegs. Er hat dabei viele Menschen und ihre Kulturen kennenlernen dürfen. Er hat die grenzenlose Freiheit dieses Kontinents wachsen gesehen und dies alles innerlich tief in sich verwurzelt und in Erleben umgewandelt. Er hat erlebt, wie Berlin, Deutschland und Europa sich aus den Trümmern des „Dritten Reiches" und des 2. Weltkrieges wieder empor gearbeitet haben und visionäre Männer und Frauen wie unter anderem *Ernst Reuter – Konrad Adenauer – Charles de Gaulle - Margrit Thatcher – Willi Brandt – Helmut Kohl - Helmut Schmidt – Angela Merkel – Lech Walesa – Boris Jelzin – Michael Gorbatschow* sich auf den Weg gemacht haben, mit ihren Visionen in Europa eine Zeit des Friedens, der Freiheit, der Demokratie und des wirtschaftlichen Erfolges aufzubauen. Obwohl wir 1953 beim Volksaufstand in Ostdeutschland, 1956 beim Volksaufstand in Ungarn, 1961 beim Bau der Berliner Mauer und 1989 bei ihrem Fall und der deutschen Wiedervereinigung, bei der Balkankrise, beim Zerfall der Sowjetunion und zuletzt 2014 bei der Krise in der Ukraine immer am Rande eines neuen Krieges standen, ist es klugen, mutigen und selbstbewussten Frauen und Männern immer wieder gelungen, der Diplomatie den Vorrang zu geben und uns den Frieden in den letzten 75 Jahren zu bewahren, wobei 1989 der Fall der Berliner Mauer ein sehr ermutigendes Ereignis war. So wurde es erreicht, dass wir heute in einem grenzenlosen, freien, demokratischen und wirtschaftlich starken Europa leben und auch agieren können. Dazu bedurfte es viel Geschick und eines starken Willens, um all diese Krisen zu überwinden. Aber es lohnt sich, dafür zu kämpfen, wenn auch noch nicht alles ideal ist, denn wo gehobelt wird, fallen auch Späne. Aber letztendlich gibt der Erfolg all denen Recht, die mit starkem Glauben und großer innerer Kraft uns alle auf den richtigen Weg gebracht haben.

So ist das auf allen Ebenen, im Großen wie im Kleinen. Auch der Erfolg in einem Verein beruht und erwächst auf diesem Erfolgsrezept. Auch hier brauchen wir Männer und Frauen, die mit Visionen, innerer Kraft und festem Glauben am Werke sind, das gemeinsame Erfolgserlebnis auf den Weg zu bringen.

Aus der Geschichte der Tradition sollten sich Leute aus der Familie der Handballer finden, die mit Begeisterung, Tatkraft und Willen die Dinge fortsetzen, die uns erfolgreich gemacht haben. Sie müssen neue Ideen entwickeln und der Zeit anpassen, von ihrer Arbeit besessen sein, sie aber gut vorbereitet auf viele Häuptlinge verteilen und intensivieren, und den Gedanken der Handballfamilie hochhalten und ihm Vorrang vor allem geben. Den Aufbau und die Arbeit an und mit unserer Jugend müssen sie weiter als oberstes Ziel sehen, denn nur mit einer guten und erfolgreichen eigenen Jugend werden wir auch in Zukunft ganz oben stehen. Man kann auch als Amateurverein den Leistungsgedanken und die Breitensportarbeit gemeinsam fördern. Wir brauchen keine bezahlten Profis, um uns am Erfolg zu laben.

Und allen Spieler/innen sollte es ins Blut übergehen, dass sie mit Spaß und Freude für sich und die große Familie der Preussen-Handballer, ihre ganze Kraft für den gemeinsamen Willen zum Erfolg und zum Zusammenhalt aller Mannschaften von den Kleinsten bis zu den großen Preussen-Handballer anstreben, im fairen Kampf um den Sieg und den Erfolg

Wir brauchen keine Selbstdarsteller, weder in der Politik noch im Verein, sondern Menschen, die sich einig in der Sache sind und sich verpflichtet fühlen, ihr zu dienen. Lassen wir uns von Vergangenem leiten und aus Fehlern lernen, das Jetzt zu bewältigen und die Zukunft zu gestalten. Das Leben und der Erfolg sind ein Geschenk, es zu erhalten ist Arbeit, es zu gestalten ist Verpflichtung.

Das war nun ein Lebensschweif über fast acht Jahrzehnte eines sehr ereignisreichen Lebens mit vielen Facetten, die ein Leben lebenswert machen. Ein solches Leben anzunehmen lohnt sich, in jeder Phase seines Seins. Es macht dankbar, wenn man auch für andere da war. Die Narben auf seinem Körper und seiner Seele zeigen einem, dass man *gelebt, geliebt* und *genossen* hat. Ich hoffe, wir konnten dem geneigten Leser auch eine Zeit der Kurzweil bringen, und wenn es zum Schluss ein Lächeln in das Gesicht des Lesers zaubert, hat dieses Buch seinen Sinn erfüllt.

Als Fazit bleibt: *Schließ ab mit dem, was war.*
Sei glücklich über das, was ist
und offen für das, was kommt.
Das Leben ist ein schönes Geschenk.
Von „einfach" war nie die Rede.